S'AIMER POUR MAIGRIR ET NON MAIGRIR POUR S'AIMER

Stéphanie Moranville

S'AIMER POUR MAIGRIR ET NON MAIGRIR POUR S'AIMER

Retrouver sa confiance et son estime de soi pour prendre la première place

BÉLIVEAU
éditeur
Montréal, Canada

Conception et réalisation de la couverture : Christian Campana
Photographie de la couverture : Nathalie Legault

Dépôt légal : 3e trimestre 2010
Bibliothèque et Archives nationales du Québec
Bibliothèque et Archives Canada

ISBN 978-2-89092-476-5

BÉLIVEAU éditeur
5090, rue de Bellechasse
Montréal (Québec) Canada H1T 2A2
514 253-0403 Télécopieur : 514 256-5078

www.beliveauediteur.com
admin@beliveauediteur.com

Gouvernement du Québec — Programme de crédit d'impôt pour l'édition de livres — Gestion SODEC — www.sodec.gouv.qc.ca.

Nous reconnaissons l'aide financière du gouvernement du Canada par l'entremise du Programme d'Aide au Développement de l'Industrie de l'Édition (PADIÉ) pour nos activités d'édition.

IMPRIMÉ AU CANADA

Table des matières

Note: Bien que cet ouvrage fut écrit en pensant d'abord aux femmes, nous sommes assurés que plusieurs hommes se reconnaîtront dans cette problématique et qu'ils sauront trouver, à travers cette lecture, une aide qui leur sera précieuse.

L'ère du changement pousse
l'humain à se métamorphoser.
Quand comprendra-t-on que
la réponse n'est pas de changer,
mais bien de redevenir ce que
nous étions fondamentalement !

Il était une fois une femme qui oublia...

Je n'ai plus souvenir d'envier la mère active lors d'une activité puisque, aujourd'hui, je suis celle qui l'organise.

Je n'ai plus souvenir d'être minuscule devant ces femmes de carrière puisque, aujourd'hui, je les conseille.

Je n'ai plus souvenir de baisser les yeux sans être capable de parler à ce bel homme puisque, aujourd'hui, je dors dans ses bras.

Je n'ai plus souvenir de passer devant cette vitrine, remplie d'envie puisque, aujourd'hui, je me procure tous ces vêtements.

Je n'ai plus souvenir de me dire qu'ils ont de la chance puisque mes objectifs, je les réalise tous avec succès.

Devant moi les portes ne se ferment plus, puisque je les ouvre.

Devant moi l'obstacle devient défi, puisqu'il me stimule.

Devant moi plus personne ne m'intimide, puisque j'ai compris que derrière chaque être humain se cache une histoire…

J'ai la possibilité aujourd'hui et maintenant de réaliser mon but !

Qui est de ...

(Écrivez-le.)

Maintenant, lisez ce livre sans jamais oublier que votre but est réalisable !

Avant-propos

• La naissance du projet...

Vous avez entre les mains le fruit d'expériences des plus réelles puisqu'elles proviennent de mon vécu. Tous les jours, depuis quelques années, ces écrits ont pris forme sans même que j'en sois consciente. À la suite d'une perte de poids de 150 livres (68 kilos), les gens qui m'entourent posaient beaucoup de questions sur le comment et le pourquoi.

Je pouvais en discuter pendant des heures et je répondais, et réponds toujours, d'un ton passionné. Plus les gens me posaient des questions, plus mes réponses se fignolaient. Certains d'entre eux se sentaient à l'aise de me confier leurs plus grandes peines puisqu'ils savaient que, par le passé, je marchais aussi la tête basse, je croyais aussi que mon opinion ne comptait pour rien. Je me suis aussi contentée de relations dévastatrices de peur d'être seule et j'ai aussi cru que je ne méritais pas la promotion qui se présentait. C'est par cette douleur vécue qu'aujourd'hui je peux déceler la souffrance qui existe dans les yeux de l'autre.

Un jour, lors d'une conversation avec une amie, j'ai été bouleversée. Elle m'a confié que sa souffrance était énorme et qu'elle s'y résignait. Pour elle, le manque d'estime de soi, de confiance ainsi que l'obésité venaient de gagner la partie.

Les dernières paroles que j'ai prononcées ce jour-là furent : « Il m'est impossible d'écouter ta peine, ta résignation et de ne rien faire. » Son discours était exactement celui que je me répétais à l'époque ; j'avais l'impression de retourner dans le temps, d'être dans son corps et dans sa tête.

Vous vous direz certainement qu'il lui est plus facile de se motiver à maigrir puisqu'elle m'a comme exemple, mais c'est faux.

Je me suis donc posé une multitude de questions sur mon propre cheminement. Quels en avaient été la base, le déclic, les étapes ? L'idée de partager mon expérience avec le plus grand nombre de gens possible se précisa à la suite de cette conversation. Pour ce projet, cette amie fut ma motivation ; je me donnais souvent l'impression de l'écrire pour elle en espérant qu'elle me lise. De plus, au même moment, un autre élément vint concrétiser mon choix d'écrire et de faire des conférences.

Tout comme mon amie, j'avais des exemples près de moi, mais ce n'était pas suffisant.

Pour ce faire, nous devons y croire ; pour y croire, nous devons avoir confiance en nous.

Introduction

• La combinaison vécu et outils donne des résultats concluants

J'AI eu la chance d'avoir comme professeure une conférencière, psychothérapeute, écrivaine et chroniqueuse à la radio. Elle est la première personne vers qui je me suis tournée. Dans son extrême générosité, elle m'a écoutée et m'a guidée comme on l'avait fait pour elle auparavant.

Dans l'optique de pouvoir vous offrir mon vécu et mes outils, je me suis concentrée sur l'écriture de ce livre.

• La méthode et le but

Voici une méthode simple et efficace que j'ai utilisée pour parvenir à être la personne confiante et remplie d'estime de soi que je suis maintenant. Une méthode pour vous motiver à obtenir la confiance et l'estime de soi nécessaires pour effectuer des démarches concluantes vers le but. Le but, c'est celui qui nous donne la volonté pour le reste de notre vie. Le but, c'est celui qui nous permet de nous surpasser, celui qui nous donne le coup d'envoi vers l'atteinte de nos prochains objectifs.

Pour moi, le but était de m'offrir le plus grand cadeau, « la première place », en m'accordant une perte de poids de 150 livres (68 kilos), et dites-moi ce qu'il pourrait y avoir d'impossible après ?

Je me suis offert la première place en prenant position sur ma vie et en revenant à la base de tout : la confiance et l'estime de soi.

Je me suis donc aimée afin de maigrir ; je n'ai pas maigri afin de m'aimer !

Je vous offre ici mon parcours, mes souffrances, mes pensées, mes éléments déclencheurs, mes démarches, ainsi que mes grandes victoires.

DÉCOUVREZ VOTRE BUT, UTILISEZ MES OUTILS, ATTEIGNEZ-LE, ET PLUS RIEN NE VOUS ARRÊTERA !

Faisons connaissance...

Ce livre s'adresse à toi, à toi seule. Mon souhait le plus cher est de savoir que tu m'auras lue en t'imaginant qu'une amie est assise près de toi, qu'elle te raconte son histoire et te donne des outils.

Je me présente : Stéphanie Moranville. Pour ma part, je tiens à spécifier que je n'ai aucun diplôme de nutritionniste et je ne suis pas non plus psychothérapeute. J'ai cependant un baccalauréat de la vie. J'ai vécu les 29 premières années de ma vie avec l'obésité, le manque de confiance et d'estime de soi, ainsi que dans la peau d'une bonne deuxième.

Je suis celle qui, un jour, décida de reprendre le contrôle de son corps, de sa séduction, de retrouver son estime de soi, ses forces, d'accepter ses faiblesses et de découvrir ses passions. Résultant d'une volonté inébranlable, j'ai un corps plus léger de 150 livres (68 kilos), une nouvelle vision, un rôle de femme et de mère accomplie, une carrière et des amis hors du commun.

MA DÉFINITION DU BONHEUR EST AUJOURD'HUI :
ÊTRE À 80 % DE MA VIE AU BON ENDROIT.

J'ai refait connaissance avec moi-même il y a quelques années et, par cet écrit, mon plus grand souhait est de vous révéler mon expérience afin que vous ne vous sentiez plus jamais la seule, vous démontrer que c'est possible. Ma silhouette n'est pas celle d'un mannequin d'Hollywood; elle est cependant la récompense de mes efforts aux niveaux alimentaire et physique, basés sur LA CONVICTION QUE J'EN VAUX LA PEINE. Ma nouvelle carrière, dans laquelle j'ai foncé tête première, est aussi basée sur LA CONVICTION QUE J'EN VAUX LA PEINE. Mon rôle de femme pleine d'assurance est basé sur quoi, pensez-vous? Sur LA CONVICTION QUE J'EN VAUX LA PEINE.

Si, à l'époque, j'avais eu quelqu'un comme moi pour m'accompagner, la route vers la première place aurait été moins ardue. Quelqu'un qui partage avec moi ses craintes, ses fausses croyances, ses victoires.

Je me livre donc à vous sans retenue ni pudeur. J'ai mis à ma disposition le maximum d'outils. Certains se sont révélés concluants, d'autres, moins; mais l'important est que j'y suis parvenue.

Je partage avec vous ma méthode, puisque J'AI APPRIS À M'AIMER! Mon prochain but est de vous permettre d'ÊTRE EN AMOUR AVEC VOUS-MÊME, EN VOUS MONTRANT LA ROUTE VERS LA PREMIÈRE PLACE.

Pour ce qui est de vous, puisque vous avez décidé de me lire, j'ai l'impression de bien vous connaître. Je sais ce qui vous habite, car il me suffit de puiser dans mes souvenirs pour avoir l'impression de vous serrer la main. Par mon écriture, nous allons vivre ensemble une belle expérience, soit celle de voir naître en vous une confiance et une estime de soi sans frontières.

MAINTENANT QUE NOUS AVONS FAIT CONNAISSANCE,
DIRIGEONS-NOUS VERS LE CHANGEMENT...

Le but

• Mon but est de vous aider à atteindre le vôtre

POUR moi, MON BUT était la perte de poids. Pour vous, il peut être différent, d'ordre professionnel, amoureux ou autre. La base reste cependant la même : reconstruire sa confiance et son estime de soi pour réaliser ses buts, franchissant ainsi les étapes une à une avec détermination.

• Ma mission est de vous motiver

Par mon expérience, je désire vous aider à changer votre perception de certaines fausses croyances. Ma nouvelle vision de moi-même m'a permis d'entrer dans une pièce en me présentant fièrement et sans baisser la tête. Elle m'amène à rencontrer des gens et croire que je mérite l'attention qu'ils me portent. L'obésité, dans mon cas, était une maladie de l'âme qui me poussait à m'autodétruire, et j'y ai mis fin.

Quel était mon second but, vous croyez ? Eh oui, écrire un livre, avoir une entreprise et faire des conférences. J'y suis arrivée ! Pourquoi ? Parce qu'en augmentant ma confiance et mon estime de soi, je suis parvenue au premier but, ce qui me permet d'atteindre maintenant le deuxième, qui, lui, me conduira vers le troisième, n'ayant ainsi plus de fin.

Ce livre ne vous conseillera pas sur les types de régimes ou sur les types d'exercices physiques. Des milliers de spécialistes existent pour ce genre de renseignements. Il vous conseillera plutôt sur la façon de vous donner la première place, par exemple, en mettant de l'ordre dans vos pensées et dans votre santé. Je sais hors de tout doute que quiconque ayant un surplus de poids, une mauvaise condition physique, un manque de confiance et d'estime de soi, souhaite courir avec ses enfants plus de deux minutes sans être à bout de souffle; qu'aucune femme ne devrait se dire qu'elle aimerait aussi que son conjoint la regarde amoureusement.

Personne ne devrait sortir d'une boutique avec les larmes aux yeux. Personne ne devrait se dire qu'il terminera sa vie seul, car aucun être humain ne voudra de lui. Personne ne devrait mentir à ses amis pour ne pas aller faire une activité qu'il n'a pas la capacité de faire. Personne ne devrait détester la plage. Personne ne devrait éviter les miroirs. Personne ne devrait passer une journée sans se rappeler qu'il se trouve beau.

Un être humain accompli et bien dans sa peau se réalise, vise toujours des objectifs plus hauts. C'est un meilleur employé, un meilleur amant, un meilleur conjoint, un meilleur parent.

Alors, laissez-moi vous dire que vous êtes beau et belle et que vous méritez d'y croire.

Vous pensez peut-être que je vais à l'encontre de tous ces principes qui nous enseignent de nous accepter comme nous sommes? Eh bien, vous avez raison. J'ai été de celles qui disaient être bien dans leur peau ; mais c'était pour moi de la foutaise !

J'ai toujours usé d'humour afin d'alléger la situation, mais n'est-il pas juste de croire qu'il est plus facile de dire « Je m'accepte, mais je souffre » plutôt que « Je souffre, j'en ai assez et je désire changer les choses » ?

UN BUT EST UNE PASSION QUI DORT,
UNE ENVIE QUI SOMMEILLE.
SE DONNER LES OUTILS POUR L'ATTEINDRE SIGNIFIE
L'ÉVEIL DE L'ÊTRE ET SA FORCE DE GRANDIR !

L'impression que nous ne réussirons jamais

• Le mot le dit, c'est une impression !

NOUS sommes à l'ère de la métamorphose. Tous les jours, nous voyons dans les journaux, dans les magazines, à la télévision ou par la publicité Internet des gens qui ont perdu beaucoup de poids.

Vous est-il déjà arrivé de regarder une émission de métamorphose physique et de vous dire que s'ils ont réussi, vous le pouvez aussi ? Vous êtes motivée, et demain matin, votre vie va changer ! Vous visitez les sites de centres de conditionnement physique et vous consultez des guides de recettes pauvres en calories que vous planifiez de faire cette semaine. Vous revoyez l'horaire de la semaine pour vous permettre d'avoir plus de temps libre afin de faire de l'exercice. Vous appelez une amie et lui demandez si elle veut faire la démarche avec vous. Vous êtes décidée à TOUT changer.

Le lendemain arrive et vous y parvenez pour le déjeuner, le dîner... Malheureusement, plus la journée avance et plus elle se charge d'imprévus. Vous aviez planifié d'aller vous inscrire ce soir, mais vous devez remettre l'inscription en raison d'un contretemps. Vous allez vous coucher, vous n'avez pas eu assez de temps et vous êtes déçue de vous-même.

Vous lisez ces affirmations et vous vous dites certainement que vous pensiez être la seule personne à vivre ces situations. Voici la preuve que c'est faux.

Décidez donc de reporter le projet quand vous aurez le temps de le démarrer de façon adéquate. Pour finir, vous vous déculpabilisez en décidant de vous accepter telle que vous êtes. Ne vous dites plus que vous n'avez aucune volonté, ne vous dites plus que vous ne réussirez jamais. Pour une personne qui désire perdre du poids, il existe des milliers de régimes, des milliers de programmes d'exercices, des milliers de pressions sociales, comme les magazines, les boutiques, les publicités, des groupes de soutien qui accompagnent les régimes, des outils, des motivateurs et des appareils d'exercice et, pourtant, elle n'y parvient pas.

Nous sommes conscients qu'une bonne condition physique est un élément essentiel pour avoir une bonne qualité de vie, qu'une quantité incroyable de maladies peuvent être évitées en ayant une masse corporelle qui convient à notre physique.

La vraie question est: « Croyons-nous suffisamment en notre potentiel de succès? »

J'ai la conviction qu'il est possible pour chacun des êtres humains sur cette planète d'y arriver s'il travaille sur son estime de soi avant de débuter n'importe quelle démarche vers son but, et s'il accepte le fait que plusieurs années de mauvaises habitudes de vie ne se changent pas en une soirée. Lorsque les gens me demandent comment j'ai fait pour perdre autant de poids, je leur réponds toujours la même chose : *je me suis occupée de ma tête avant d'entreprendre mon corps.* Quand ils ajoutent que je suis courageuse et combien cela a dû être difficile, je leur dis toujours : *le plus difficile fut de découvrir pourquoi j'agissais de la sorte et pourquoi j'acceptais depuis si longtemps cette situation.* À la suite de mon cheminement, je me suis aimée afin de maigrir. Je n'ai pas maigri afin de m'aimer.

JE NE ME FAISAIS PAS SUBIR QUELQUE CHOSE ;
JE ME FAISAIS SIMPLEMENT DU BIEN,
JE PRENAIS SOIN DE MOI.

Mon but ultime est qu'à la fin de cette lecture et au cours des mois qui viennent, vous soyez capable de dire que c'est possible, et plus encore : que vous y parviendrez. Que c'est possible POUR VOUS ! Que vous le méritez, que cette démarche est la vôtre et que personne ne vous arrêtera.

Dans l'ombre de l'obésité ET de la deuxième place, ainsi que mes déclics et leurs auteurs, mes écrivains

TOUT au long de mon histoire, vous rencontrerez ceux que je nomme affectueusement MES ÉCRIVAINS. Je les nomme ainsi puisqu'ils sont les auteurs de mes déclics. J'appelle *déclics* certaines paroles ou actions qui nous marquent à jamais, nous font grandir et changent le cours de notre histoire. Vous avez certainement déjà entendu la pensée qui dit que, dans la vie, nous rencontrons des gens pour une raison, une saison ou pour la vie! C'est en quelque sorte ma façon à moi de leur dire merci. Merci d'avoir su, par une action ou par une phrase, modifier ma perception et me procurer un souffle de confiance.

• Mon enfance...

Depuis ma tendre enfance, j'étais la petite joufflue, l'aînée d'une famille de trois filles. Mon petit visage d'ange ne dégageait aucune méchanceté, ma voix ainsi que mes traits étaient d'une extrême douceur. Une petite brunette aux yeux pairs, à la peau de pêche. Le genre de petite fille que tous les parents auraient voulu adopter ! Autant je pouvais être douce, autant se cachait en moi une petite fille qui savait se faire entendre et se définir. Il fallait bien du temps avant qu'on puisse m'approcher, mais une fois que j'étais gagnée, j'aimais sans limites.

Mes deux sœurs étaient minces. Génétiquement, j'imagine que mon métabolisme devait être plus lent que le leur. Il existait cependant aussi une différence au niveau de l'émotivité. Loin de moi l'idée de dire qu'elles n'en avaient pas du tout, bien au contraire, je pense plutôt que la mienne était en quelque sorte exagérée.

J'ai grandi dans une ruelle de Montréal où le taux de natalité des garçons était supérieur à celui des filles. J'ai donc évolué auprès d'une troupe d'une dizaine de garçons qui me connaissaient depuis que j'avais la couche aux fesses. Nous étions ensemble une bonne partie de la journée, et ce, tous les jours, puisque la plupart de nos mères à cette époque étaient des femmes aux foyers. À leurs yeux, je n'avais rien d'une fille, mis à part qu'ils me protégeaient un peu plus ; j'étais ce que l'on appelait (pardonnez-moi l'anglicisme) « ONE OF THE BOYS ».

Malgré mon problème de poids, l'avantage de cette situation était que, pour eux, je n'étais ni grosse, ni mince, ni belle, ni laide. Reportez-vous dans votre jeunesse ; les jeunes garçons ne se comparaient pas entre eux. Je faisais partie intégrante de leur clique, j'avais droit au même traitement. Ils étaient ma base et mes frères en quelque sorte. Pour eux, les petites filles étaient fatigantes, sauf moi. Ils m'ont montré à jouer au baseball, au ballon chasseur, au soccer et, croyez-le ou non, je n'étais pas la dernière choisie lorsque nous faisions les équipes ! Nous partagions absolument tout : nos pensées, nos joies, nos craintes et nos peines. Je n'oublierai jamais les maisons hantées dans mon sous-sol et les spectacles que nous inventions.

Tout était simple, il n'y avait que très rarement des disputes et lorsqu'elles survenaient, c'était toujours sur le même sujet. Quand il m'arrivait de mal jouer, ils me traitaient de « fille ». Chaque fois, je m'en allais avec mes petits yeux plissés et mes petits bras croisés. Ils venaient toujours me revoir en s'excusant... jusqu'au jour où l'école a commencé pour moi. Certains d'entre eux étaient plus vieux que moi de un ou deux ans, ils allaient donc déjà à l'école.

La semaine avant de commencer la première année, j'étais nerveuse, je ne tenais plus en place. J'avais peur de la grande école et j'avais même de la difficulté à dormir, mais leur présence me sécurisait beaucoup. À la seule idée de savoir qu'ils y seraient, je me sentais mieux.

Nous étions toute la troupe dans la ruelle et je discutais de mon entrée scolaire, leur disant combien j'avais hâte d'être avec eux, que nous allions avoir du plaisir et qu'une fois la journée d'école terminée, nous pourrions tous nous retrouver ensemble. C'est à ce moment que l'un d'eux prit la parole, me mentionnant qu'ils en avaient tous discuté et qu'ils en étaient venus à la conclusion que cela nuirait à leur image qu'une fille leur parle à l'école, surtout vu mon âge. À partir de maintenant, ils me fréquenteraient uniquement dans la ruelle. Prétextant que j'allais souper, j'ai quitté le cœur gros et les yeux pleins de larmes.

Je me rappelle encore le serrement que j'ai ressenti au niveau de la poitrine, ainsi que la douleur des muscles de mon visage qui se contractaient lorsque je m'efforçais de ne pas pleurer. Arrivée à la maison, j'ai relaté l'événement à une personne que je ne nommerai pas ici, (le but de l'exercice n'étant pas de culpabiliser qui que ce soit, mais bien de prendre conscience de ce fait). Sans prendre le temps de lire la tristesse dans mes yeux, elle me répondit que c'était normal, qu'à l'école les garçons aimaient mieux être avec des garçons et qu'à partir de maintenant, je devrais jouer avec des filles.

Pendant des jours, j'ai eu énormément de peine, j'avais du mal à les regarder tellement j'avais envie de pleurer. Je faisais semblant que tout allait bien et jamais je ne leur ai démontré quoi que ce soit.

Comment leur en vouloir ou m'imposer à eux puisque l'on m'avait expliqué que leur comportement était normal? Je me revois encore me posant la question, à savoir comment j'allais faire pour fréquenter des filles. Elles étaient à mes yeux tellement fatigantes. Ma petite sœur avait des amies, mais pas moi. Je les considérais braillardes! Tous les garçons me parlaient quand nous étions dans notre élément, soit la ruelle, mais à l'école, jamais, puisqu'ils avaient de nouveaux amis. L'un d'entre eux venait à mes spectacles de ballet jazz, mais à condition que nul ne le sache.

Cette situation a duré trois ans, devenant même banale au fil du temps. La perception des adultes qui nous entouraient devait être que j'avais des amis à l'école et d'autres dans la ruelle. Je vous avouerai que même à mes yeux, au bout de quelques semaines, j'ai cru que c'était le cours normal des choses.

Mon subconscient, lui, n'a aucunement cessé son travail. Quelle fausse croyance pensez-vous que j'en ai tirée? Que ces amis de toujours, ceux que j'aimais profondément, pouvaient me côtoyer quand bon leur semblait. Qu'ils pouvaient me mettre dans le placard pour l'image et me ressortir pour jouer et même se confier, puisque j'étais la confidente de beaucoup d'entre eux.

Ces garçons n'étaient que des enfants, ils ne voulaient aucunement me faire du mal. Ils m'aimaient énormément et j'avais beaucoup d'importance pour eux. Pourquoi auraient-ils modifié leur comportement puisque j'acceptais la situation? Ne croyez surtout pas que je leur fais porter le fardeau de mon obésité, ou de la deuxième place que j'ai prise, car c'est faux. Lorsque je les ai revus, aucun sentiment douloureux n'a refait surface. Ils m'ont ramenée à ma base et je m'y sentais bien. Rien n'avait changé entre nous, il y avait la même complicité, et tellement d'amour. Nous étions toujours aussi proches et j'étais encore pour eux la seule fille, mais également une femme, aujourd'hui.

• Qu'aurions-nous pu changer à mon histoire?

À la base, je m'accordais beaucoup d'importance, car lorsque les garçons me traitaient de fille, je m'imposais, je partais, et ce sont eux qui revenaient vers moi. Imaginez maintenant autrement la scène que j'ai vécue, celle où je reviens à la maison en larmes, suite à la conversation dans la ruelle.

Je raconte que mes amis ne veulent plus que je leur parle à l'école car je suis une fille et, en plus, leur cadette. La réponse que j'obtiens alors devient: *s'ils sont tes vrais amis, ils le seront aussi dans une cour d'école et, dans le cas contraire, ils ne méritent pas ton amitié.* Je me serais donc imposée, je leur aurais probablement tourné le dos quelque temps et, comme à l'habitude, ils seraient revenus me voir. Cette situation n'est qu'hypothétique, mais je suis pourtant convaincue que ces garçons m'auraient parlé à l'école.

J'ai également compris que notre cerveau est un disque dur qui enregistre des données. Pour certaines personnes, ce fait n'aurait probablement rien changé mais, dans mon cas, cette donnée a influencé une bonne partie de ma vie.

J'en ai déduit que mon rôle devait être celui d'une bonne deuxième.

Comme dans toute situation du passé, il nous est impossible de reculer dans le temps, alors il vaut mieux en retirer le positif.

À l'écoute des adultes de demain...

DANS ce cas-ci, j'ai acquis de bonnes valeurs, soit de réaliser qu'être à l'écoute de mes enfants et exiger le respect des autres est d'une importance capitale. La personne à qui je me suis confiée n'a tout simplement pas pris le temps de m'écouter entre deux brassées de lavage et je ne la tiens aucunement responsable, mais j'ai appris que les enfants sont des êtres pensants. Ils ont, tout comme les adultes, leurs tracas et leurs souffrances.

N'oubliez jamais que nous sommes responsables de l'éducation des adultes de demain.

VOULONS-NOUS QUE NOS ENFANTS SOIENT CONFIANTS ET DÉBORDANTS D'ESTIME DE SOI ?

• Soigner mon image, oui ; à mon propre détriment, jamais !

J'admets difficilement le comportement d'une personne qui soigne son image au point de ne pas agir de la même façon lorsque certaines personnes l'entourent. Le respect de soi commence en imposant nos limites et en exigeant de la personne qui nous accompagne qu'elle agisse de la même façon quand elle est seule avec nous ou quand elle est devant d'autres. Je me respecte et me donne la première place au point d'avoir droit qu'on soit fier de moi.

J'y crois tellement fort qu'il m'arrive même de l'imposer aussi pour les autres. Peu importe les circonstances, si une personne vous est chère, elle le sera partout et dans le même respect.

Quand une valeur comme le respect est ancrée en nous, il nous est facile de cerner ceux qui ne la détiennent pas. Ma famille, mes amis, ainsi que l'homme qui partage ma vie, doivent me présenter fièrement, agir avec respect, sinon aucune relation n'est possible.

Lorsqu'une situation se présente, c'est ma petite voix, celle que j'écoute maintenant, qui m'indique de ne pas aller de l'avant dans certains cas. Une personne peut détenir des milliers d'autres qualités, s'il lui manque le respect, je n'arrive pas à m'investir dans cette relation, puisque cette valeur est essentielle pour moi. Je n'ai même pas à essayer de me convaincre d'établir cette relation, j'en suis tout simplement incapable. Du même coup, je souhaite de tout cœur à cette personne de découvrir que...

Le respect et l'estime de soi ne se trouvent pas seulement dans le regard que les autres portent sur nous, mais aussi dans celui que l'on a de soi.

Lorsque nous sommes avec une personne que nous apprécions et que nous sommes confiants, aucune question ne nous traverse l'esprit. Ce qui doit plaire à la galerie, c'est le bonheur qui se lit sur notre visage en sa compagnie, et non l'image qu'elle projette.

Pourquoi je pense ainsi? Parce que je tiens la première place dans ma vie.

Comme j'ai confiance en moi, j'attire des gens qui ont confiance en eux. De tels gens ne vivent pas dans le regard des autres. Ceux qui partagent ma vie auront toujours ce sentiment à mon égard!

L'autre point positif est que depuis ce temps j'ai des amies de filles, et elles ne sont pas aussi chialeuses que je le croyais autrefois. Aujourd'hui, je vous avouerai même que les soirées de filles sont inscrites à mon agenda et que rien ne peut les déplacer.

• Revenons à notre bonne deuxième...

À l'école, j'avais cependant beaucoup de caractère en classe; j'étais souvent présidente de classe ou personnalité positive de l'année. Contradictoire, me direz-vous, de se positionner en deuxième place et être présidente de classe. La seule et unique raison de cette situation était due au fait que si quelqu'un avait le malheur de blesser une personne qui me tenait à cœur, par des paroles ou par des gestes, je devenais une vraie tigresse.

Au grand désarroi de certains de mes amis, j'ai d'ailleurs gardé ce côté de ma personnalité. De cette façon, j'ai obtenu le respect de bien des gens. Je ne me défendais jamais si on m'insultait. Pourquoi? Parce que, dans mon for intérieur, j'étais bonne deuxième et je n'en valais pas la peine. J'ai génétiquement eu la chance d'avoir beaucoup de caractère et un bon sens de l'humour. Je crois également que le fait de protéger les autres comme je le faisais m'a valu une certaine part de respect.

Qui aurait osé me dire des âneries ou me parler de mon poids, sachant les crises que je pouvais faire pour défendre quelqu'un d'autre?

Mon sens de l'humour me servait beaucoup. Lorsque quelqu'un m'attaquait en parlant de mon obésité, je répondais simplement: « Non, t'es pas sérieux? Une chance que tu m'as avertie, je n'avais pas remarqué! Trouve autre chose parce que tout le monde l'a déjà constaté! » Généralement, cette personne rebroussait chemin sans plus attendre.

Ces répliques me venaient pour la plupart de ma grand-mère, qui a eu une grande influence dans ma vie. Cette femme avait une spontanéité, une présence et une ouverture d'esprit que peu de gens possèdent.

Je me suis souvent demandé quelle aurait été sa réponse si j'étais arrivée chez elle en larmes, lorsque les garçons m'ont annoncé qu'ils ne me parleraient plus à l'école. Malheureusement, lors de ma thérapie, elle nous avait déjà quittés.

• L'adolescence

Quand, pour la majeure partie de notre vie, nous sommes bonnes deuxièmes, ce réflexe se répercute dans tout. Ce comportement a continué de faire son œuvre durant mon adolescence.

Dans mon cas, j'étais la meilleure des meilleures amies pour la plus belle fille de la classe. Inconsciemment, je me positionnais toujours au deuxième plan et je regardais le spectacle. Évidemment, ces filles sortaient toujours avec le plus beau gars de la classe et si j'avais de la chance, je sortais avec le meilleur des meilleurs amis du plus beau gars de la classe, qui, lui, n'avait aucun succès.

J'étais toujours entourée de garçons, toujours la « ONE OF THE BOYS » et, en bonne deuxième, certaines des plus belles filles de la classe se servaient de moi pour mettre le grappin sur les plus beaux de ces mêmes garçons.

À l'âge de 14 ans, j'ai fait la rencontre de mon premier copain sérieux qui, lui, avait 17 ans. Il était beau, grand, drôle et nous avions eu le coup de foudre.

Je n'ai jamais oublié la sensation que j'ai ressentie lorsque je l'ai vu pour la première fois. Il était un bon copain du frère d'une amie où je passais la nuit. Un être confiant qui me démontrait son attrait sans aucune gêne. J'avais l'impression d'être la seule survivante sur terre à ses yeux et il m'accordait une importance que jamais personne ne m'avait démontrée.

Le lendemain de notre rencontre, il me réveilla en me flattant le bout du nez et m'embrassa. Sachant très bien qu'il avait une copine, en bonne deuxième, j'ai accepté de sortir avec lui. Dans l'après-midi, il laissa donc sa copine qu'il fréquentait depuis quelque temps. Dans ma rêverie de jeune adolescente, je croyais avoir la première place pour une fois. Trop naïve encore pour me douter que le même sort m'attendait aussi. Notre relation allait à merveille, je le croyais, jusqu'au jour où il me quitta pour retourner avec elle. Puis, il me revenait. Ce manège dura quatre ans, sans compter la fois où il rencontra une autre flamme lors d'un échange culturel.

Quelle bonne deuxième j'étais, puisque je le reprenais constamment. Je savais bien qu'il ne m'aimait pas autant que je l'aurais souhaité, mais pourquoi aurais-je écouté ma petite voix intérieure? Je lui accordais la place que j'avais accordée à tous. Celle d'être là quand l'autre le décidait. Lorsqu'il me le demandait, j'y étais, mais jamais je ne demandais quoi que ce soit, de peur d'être rejetée ou de faire face à un refus.

Après quatre années de fréquentations entrecoupées, il m'annonça que notre relation devait se terminer. J'étais tout ce qu'il désirait en tant que personne, mais mon physique ne lui avait jamais convenu.

J'ai revu cet homme qui, à l'époque, était aussi très jeune et j'ai accepté la situation puisque j'étais la seule et unique responsable. Je me positionnais en deuxième place. J'attirais ce genre de personnes qui souffraient probablement autant que moi, mais pour d'autres raisons.

QUAND NOUS COMPRENONS QUE NOUS
NE SOMMES PAS LES VICTIMES DES AUTRES,
MAIS BIEN DE NOUS-MÊMES, NOUS REPRENONS
LE CONTRÔLE DE NOTRE EXISTENCE ET
PLUS AUCUNE HARGNE ENVERS LES ÊTRES
QUI ONT CROISÉ NOTRE CHEMIN NE NOUS HABITE.

Je vous présente donc mon premier écrivain… Carter, mon ami pour la vie !

Ne vous fiez pas aux apparences! À l'âge de 13 ans, j'ai rencontré un ami que j'appelle affectueusement aujourd'hui mon ami pour la vie, puisqu'il y est encore. Notre relation a débuté de façon bizarre… JE LE DÉTESTAIS !

C'était l'être le plus superficiel que j'avais jamais rencontré. Il avait les cheveux blonds, les yeux bleus, un look d'enfer, une musculation de rêve et un charme à faire craquer toutes les filles. Pourtant, moi, je n'arrivais tout simplement pas à le blairer. Il m'a avoué que c'est la raison pour laquelle nous sommes devenus d'aussi bons amis, car il avait l'habitude d'entendre ce qu'il voulait des autres filles, sauf de ma part. J'ai toujours été de nature très simple et, lui, il aimait tout ce qui sortait de l'ordinaire et qui avait un prix exorbitant.

Notre première rencontre fut marquée à jamais dans notre mémoire, puisque je l'ai traité d'être superficiel et qu'il a levé le nez sur moi… jusqu'à ce que nous ayons l'opportunité de discuter. J'ai découvert en lui quelqu'un d'exceptionnel qui gagnait à être connu. Nous étions si différents mais semblables à la fois.

Sa beauté n'avait aucun effet sur moi, mais sa personnalité, oui. Toutes les filles le pourchassaient, sauf moi. De toute façon, j'avais quelqu'un dans ma vie.

Il était très prompt et ne passait jamais par quatre chemins lorsqu'il voulait s'exprimer. Il est devenu, au fil du temps, un frère pour moi et il me protégeait comme personne. Il me sécurisait et m'offrait la première place sur un plateau d'argent. D'ailleurs, par réflexe, il le fait encore.

L'unique chose qui me dérangeait et me rendait mal à l'aise était qu'il me défiait toujours sur mon poids. Il me disait toujours d'entreprendre une démarche, puisqu'il ne voulait que mon bien, il percevait probablement le malaise que mon obésité me procurait, et cela le dérangeait de me voir souffrir. Mais il ne l'exposait pas toujours de manière constructive. Un jour, je lui ai crié mon mécontentement. Évidemment, je devais être à bout de nerfs, puisque l'insulte m'appartenait et j'avais décidé de me défendre. Par sa façon de dire les choses très directement, il lui arrivait de dépasser les bornes.

Son but premier n'était nullement de me blesser, mais simplement de me faire prendre conscience qu'il voyait que je n'étais pas heureuse. Je me suis mise à hurler que j'en avais assez de l'entendre me ridiculiser à propos de mon poids. Je ne pouvais concevoir qu'un ami aussi protecteur me fasse mal à ce sujet. Il m'a alors répondu en hurlant aussi : « Quand tu m'énerves, c'est la seule chose que je trouve pour t'atteindre, puisque tu es parfaite. » Nous avons tous les deux cessé de parler, nous nous sommes regardés et ce fut la dernière fois que je l'entendis aborder ce sujet.

Sans même le savoir, il venait d'apaiser en moi toutes les souffrances causées par les paroles prononcées concernant mon obésité. Comme s'il venait de guérir d'anciennes blessures, je me vois encore me répéter cette phrase lorsque je me sentais mal dans ma peau. Aussitôt, un sourire apparaissait sur mon visage et je me sentais mieux. Une autre de ses phrases marquantes fut : « J'insiste sur ta perte de poids, car j'aimerais que tu puisses un jour faire l'amour à la lumière. Tu ne mérites pas de vivre avec ces complexes. » Il avait raison, j'aurais dû l'écouter !

D'ailleurs, devinez dans les bras de qui j'ai pleuré quand la rupture avec mon petit ami est survenue ? Bien sûr, dans les bras de mon fidèle compagnon et ami pour la vie.

Vous savez ce qu'il a fait ? Il m'a dit de monter dans sa voiture, sans me dire où nous allions. Je me suis vite aperçue que nous nous rendions à la station-service où celui qui venait de me larguer travaillait comme pompiste.

Carter lui a alors demandé de faire le plein d'essence (question d'anéantir un peu l'orgueil de cet homme) et il l'a même suivi à l'intérieur pour s'acheter des cigarettes. Quand nous sommes repartis, je ne comprenais tout simplement pas ce qui venait d'arriver. La seule parole qu'il a prononcée dans la voiture fut : « Je viens de lui montrer qu'il y a des gens plus beaux que lui et qui sont fiers d'être avec toi. Il risque de te contacter. Prends garde, tu mérites mieux que lui. »

Trente minutes plus tard, le téléphone sonna chez moi. Je n'entendis qu'une seule phrase, soit : « Bonne chance avec ton apollon blond », et je répondis : « Merci ! ». J'ai pleuré cette peine d'amour longtemps, mais une chose est certaine, je ne suis jamais retournée avec lui. Le simple fait que Carter m'ait dit que je méritais mieux m'avait grandement aidée. J'admirais la réaction de Carter : il n'avait rien à foutre de l'opinion des gens.

« Merci pour ces belles leçons de vie. »

Nous avons vécu ensemble bien des épisodes et, heureusement pour moi, il sera là pour les prochains aussi! Ces phrases ne m'ont jamais quittée, et lui non plus. Vingt ans après, il est toujours présent.

À ses côtés, je ne me suis jamais sentie deuxième, puisqu'il m'a toujours présentée fièrement et protégée. Je ne compte plus les fois où il a vanté mon intelligence, ma force de caractère et ma beauté. Je comprends maintenant qu'il n'avait rien de superficiel, il avait simplement confiance en lui.

L'adulte

Me voici à l'âge adulte. Comme je n'avais fait aucun cheminement encore, devinez pour quelle position j'ai opté ?

Cette fois-ci, l'infidélité a fait son entrée. Une autre bonne façon de se mettre en deuxième position. Au cours de ces années, j'ai oublié de nombreux moments, puisque la mémoire retient les émotions. Je crois que durant de longues périodes, sauf pour mes enfants, je n'ai ressenti aucune émotion et mon corps avait comme mécanisme de défense de les oublier.

Comme il s'agit ici du père de mes enfants, par respect pour lui, j'ai décidé de ne pas exposer les faits dans les détails. Je vous parlerai plutôt de ce que j'ai ressenti devant l'infidélité et non des événements.

Lorsque nous faisons face à l'infidélité, nous souhaitons avoir un jour tout ce qu'il faut pour éviter que cela se reproduise. Nous espérons avoir la même beauté que celle qu'il regarde. Qu'un jour, nous serons suffisamment BELLE ET AIMABLE pour qu'il ne reparte plus.

Inconsciemment, nous désirons mériter ce titre seulement une fois. J'ai longtemps gardé le silence par peur de le confronter. Au fil des ans, mon instinct de femme trompée s'est affiné de plus en plus; je détectais son infidélité par un ton de voix, un retard, un soupçon ou un mensonge. Je finissais toujours par savoir, où, quand et, le plus difficile, avec qui. Le plus difficile parce que, lorsque nous savons qui est celle qui nous remplace à temps partiel, nous pouvons comparer et, dans l'infidélité, la comparaison est l'arme la plus dévastatrice de l'estime de soi.

Nous croyons qu'elle est plus belle, plus sympathique, plus séduisante, plus excitante, et j'en passe. Ma famille était mon phare et j'étais prête à tout pour ne pas la condamner, jusqu'à en oublier la femme en moi. Et, de toute façon, qui aurait voulu de moi?

La vie s'est toujours chargée de mettre les informations sur ma route, mais je préférais garder le silence puisque mes enfants devaient vivre en famille.

Les journées qui suivaient une infidélité représentaient des moments où je me sentais « la seule », sentiment engendré par la culpabilité de mon conjoint. Je ne sais combien de fois je me suis sentie heureuse d'être invitée par lui, de me choisir une tenue, d'essayer d'être belle, pour finalement me faire dire qu'il préférait y aller seul, puisqu'il s'agissait d'une sortie uniquement entre collègues. Je restais donc à la maison sans rien dire et je pleurais en secret, me rendant compte quelques semaines plus tard que les femmes de ses collègues y étaient toutes. Je me contentais du rôle de mère de ses enfants, de confidente, de coach, ainsi que de femme de ménage.

Le plus ironique dans cette situation est que, même au tout début de notre relation, je ne me souviens pas d'avoir cru les mots « tu es belle, j'ai envie de toi, tu es sexy ». Je suis persuadée que ma façon de me percevoir était tellement négative et je ne m'aimais tellement pas que jamais je n'aurais pu le croire, de toute façon.

LES MOMENTS DE PEINE SE FAISAIENT DE PLUS EN PLUS COURTS ET MON CŒUR, DE PLUS EN PLUS DUR ; MON ESTIME DE SOI, DE PLUS EN PLUS BASSE ET MON CORPS, DE PLUS EN PLUS GROS.

• De nos fausses croyances à de belles valeurs...

Ce parcours m'a cependant offert d'autres connaissances, dont celle du respect de l'autre et surtout de moi-même.

Quand les gens me demandent comment je suis parvenue à me comprendre ainsi, il m'est difficile de l'expliquer. C'est simplement le fait de comprendre pourquoi nous agissons d'une telle façon qui nous empêche de reproduire le comportement et nous en libère.

N'est-il pas vrai de croire que, lorsque nous aimons une personne, la dernière chose que nous souhaitons est que les gens qui nous entourent la perçoivent comme une cocue, une naïve ?

À l'inverse, n'est-il pas vrai de croire que, lorsque nous nous aimons, la dernière chose que nous souhaitons est de laisser notre entourage nous percevoir comme une cocue, une naïve ?

Courez, vous aussi, avec Christine

Tous les ans, nous étions invités à une épluchette de blé d'Inde organisée par des amis. Je me rappellerai toujours l'une des invités; elle s'appelait Christine.

Christine était une amie de la famille de nos hôtes. Je crois qu'elle était professeure d'éducation physique. Elle était vraiment sympathique et d'une beauté naturelle incroyable. Tous les gens du groupe lui vouaient le plus grand des respects. Sa forme physique faisait rêver plusieurs des hommes sur place. Pour ma part, ce que j'enviais d'elle, c'était sa passion. Elle partait le matin pour effectuer sa course à pied, et je l'admirais d'avoir cette conscience face à sa santé.

Elle et ses amis parlaient d'alimentation et d'exercice avec un tel enthousiasme. Je me rappelle très bien dans quel état émotif j'étais lors de cet événement. Il m'est rarement arrivé de parler avec eux. Je me sentais tellement inférieure à eux, je manquais tellement de confiance en moi. Pourtant, ils étaient accueillants et n'avaient de préjugés envers personne. Jamais ils n'ont fait quoi que ce soit pour que je me sente ainsi.

Le même sentiment m'habitait lorsque j'allais au gym. Je regardais les gens qui y travaillaient et je les considérais chanceux. J'admirais leur passion pour la forme physique et l'assiduité avec laquelle ils pratiquaient l'entraînement.

Je sais aussi pertinemment qu'il me serait possible aujourd'hui de discuter avec ces gens librement et même d'aller courir avec Christine !

Quelle autre profession ai-je pratiquée, pensez-vous ? J'ai été directrice adjointe d'un centre de conditionnement physique et je possède mon diplôme d'entraîneuse privée.

Quand vous regardez quelqu'un et que la situation vous touche au point d'admirer cette personne, dites-vous simplement que c'est probablement une valeur qui est très importante pour vous. Déterrez-la et vivez-la, vous en êtes tous capables.

Courez, vous aussi, avec la belle Christine !

Visualisez-vous dans cette situation, faites-vous confiance. Détruisez ces fausses croyances qui vous empêchent de croire qu'il est possible de vivre vos passions. Pour chacun, les passions et les réalisations peuvent être différentes. Pour certains, travailler dans un gym n'est qu'un emploi, mais pour moi, c'était un accomplissement.

Lorsque j'ai reçu l'appel d'embauche, j'ai pleuré de joie pendant plusieurs minutes. Qui aurait cru que la fille d'il y a quelques années aurait pu travailler dans un gym ? Je suis devenue ce que j'ai choisi de devenir et le seul secret est le suivant : je m'aime et je ne veux que mon bien !

Imaginez les sentiments que je ressentais lorsque je me rendais au travail ! Je m'y rendais toujours avec joie et je l'appréciais.

La séparation

TOUTE cette souffrance me permit d'exister pour moi-même. Comme pour toute situation, j'essaie toujours d'en retirer le positif. Cette étape de ma vie a été l'une des plus difficiles de mon existence, mais en même temps la meilleure.

Inconsciemment, je crois que je m'y étais préparée. Ayant été longtemps à la maison, j'ai commencé à consulter une intervenante concernant mon fils et, finalement, nous avons aussi beaucoup parlé de moi. À la suite de ces rencontres, je me suis trouvé du travail.

Grâce à ses conseils, cette intervenante m'a fait don du coup de pouce nécessaire pour renouer avec le marché du travail. J'ai commencé à m'investir et, avec le temps, j'ai compris que ce travail, en plus d'être lucratif, me donnait aussi la chance de faire quelque chose qui n'appartenait qu'à moi.

J'ai ainsi augmenté ma confiance et mon estime de soi, ce qui, probablement, me donna le courage d'affronter cette fameuse soirée. Ce que je craignais depuis longtemps arriva finalement. Mon conjoint devient amoureux de la femme qu'il fréquentait secrètement. Le soir fatidique de notre séparation, un déclic s'est fait en moi et je n'ai jamais oublié ce moment.

Ce fut un des moments décisifs dans ma vie, car, pour une fois, je me suis positionnée.

Je l'entends encore me dire au revoir lorsqu'il est parti se balader en voiture. Je me vois également me lever du canapé pour regarder par la fenêtre la voiture qui s'éloignait. La seule phrase que je me suis dite a été : « C'est la dernière fois. »

Lorsqu'il est revenu, j'allais le confronter pour la première fois. J'étais d'un grand calme. Je ne me souviens même plus si j'ai eu mal. Je ne le crois pas.

Je me rappelle que mon ton de voix était bas, comme si je n'en pouvais tout simplement plus, et que, par je ne sais trop quelle force, je venais tout simplement de remédier à la situation. Ce fut d'ailleurs ce même soir que nous avons décidé de la rupture. J'écris ces phrases et j'ai du mal à le croire tellement la personne que j'étais est maintenant si loin de moi. J'ai l'impression que nous avons une conversation et que je vous parle de quelqu'un d'autre.

Le deuil de cette relation fut plus qu'une simple séparation pour moi. Je devais faire le deuil de ma famille, la seule chose qui, je crois, m'avait tenue debout. J'aurais tout accepté pour elle, je fonctionnais uniquement pour cette cellule, celle qui me protégeait de toute émotion.

À la suite de cette rupture, j'ai compris que, lors de mon cheminement vers la première place, je ne protégeais pas ma famille, je m'y acharnais.

L'ACHARNEMENT PEUT ÊTRE TRÈS NOCIF POUR NOUS, PUISQUE NOUS NE RESPECTONS PLUS QUI NOUS SOMMES, NOS VALEURS, NOS BUTS. NOUS EN OUBLIONS NOTRE PERSONNALITÉ. TOUT CE QUE NOUS VOULONS, C'EST CONSERVER NOTRE FAMILLE, CE QUI FUT DE L'ACHARNEMENT DE MA PART.

Je me souviens d'avoir eu mal, mais jamais d'avoir été en peine d'amour. Mon deuil de cet homme devait avoir été fait avant notre rupture. La peine se concentrait vraiment sur ma famille. Voir des couples ne me dérangeait pas, mais j'étais incapable d'aller déjeuner au restaurant le dimanche, car voir des familles me déchirait le cœur. L'ennui que je ressentais lorsque les enfants partaient pour la fin de semaine était atroce ; je me sentais incomplète sans eux.

Les premières fins de semaine, je n'arrivais pas à dormir, j'étais même incapable de passer devant leurs chambres. Sans eux, je n'avais aucune identité. Qu'est-ce que j'allais faire avec moi-même comme compagne ? Je ne m'étais accordé du temps que rarement et je ne savais pas quoi en faire.

• De nos fausses croyances à de belles valeurs

Peu à peu, la douleur s'est dissipée. J'écrivais toutes mes pensées et je pleurais de moins en moins. Le départ des enfants les fins de semaine me faisait de moins en moins mal. Même que, tranquillement, j'ai commencé à apprécier de n'avoir que ma personne à gérer pendant ces deux jours. Comme je n'étais pas une personne qui sortait, je travaillais et, le soir, je voyais des amis.

JE ME SUIS APPRIVOISÉE COMME UNE PERSONNE
À PART ENTIÈRE. PENDANT DES ANNÉES,
JE N'AVAIS ÉTÉ QU'UNE MÈRE, UNE CONJOINTE,
UNE FEMME DE MÉNAGE, UNE SŒUR, UNE AMIE,
MAIS JAMAIS STÉPHANIE, LA FEMME.

J'ai aussi réalisé que, pendant des années, j'ai tenté d'avoir la première place avec lui. Lorsqu'il est parti, bien que la souffrance d'entendre qu'il était en amour avec cette femme fût incroyable, cela ne dura que quelques minutes. Je crois que cette douleur provenait de mon manque de confiance et d'estime de soi, et non de l'amour que j'avais pour lui puisque, jamais pendant cette période, je n'ai désiré qu'il revienne. Jusqu'au jour où j'ai réalisé que j'avais toujours eu la première place et que cette relation avec une autre n'avait été que dévastatrice pour lui.

Il s'était offert la deuxième place pendant que je travaillais sur moi à gagner la première place. Une fois que l'on a compris qu'on s'est laissé tromper pendant des années, on ne veut plus revivre la même situation.

NOUS MÉRITONS LA FIDÉLITÉ ET L'AMOUR ÉQUITABLES QUI NOUS REVIENNENT.

J'ai aussi compris que je n'avais pas à tout faire pour qu'il m'aime enfin, puisqu'il manquait d'amour pour lui-même. Son besoin de trouver son estime de soi dans le regard de celles qui le séduisaient était aussi destructeur que son manque de reconnaissance envers moi.

Face à l'infidélité, je m'étais positionnée dans le rôle de la bonne deuxième. Il a fait beaucoup de travail sur lui-même et, aujourd'hui, il reste l'être fidèle et aimant qu'il est devenu.

Nous avons parlé de ces épisodes sans aucune retenue et je lui ai pardonné, tout en me pardonnant de m'être laissé tromper. Nous sommes d'ailleurs allés terminer notre histoire, cinq ans après notre séparation. Quel être différent il était devenu!

Mon élément déclencheur... mon fils

MON fils avait une journée d'activités à l'école. Je le sentais vraiment nerveux depuis la veille et il me disait constamment que, si je le désirais, je pouvais rester me reposer à la maison, ça ne le dérangeait pas. Quand je lui demandais pourquoi il insistait de la sorte, il me répondait que je semblais fatiguée. Puis, il a demandé à me parler et s'est mis à pleurer. Quand j'ai voulu savoir ce qu'il avait, il m'a répondu qu'il n'était pas un bon enfant pour moi.

Je voyais que le sujet lui faisait tellement mal. Alors, je lui ai expliqué que, peu importe ce qu'il avait à me dire, une mère ne veut pas voir son enfant avoir mal ainsi. Que peu importe l'information, je voulais qu'il se sente bien à l'intérieur de lui et que c'était mon rôle de voir comment j'allais gérer cette information.

Après plusieurs minutes de larmes, il se tourna pour ne pas me regarder dans les yeux et me confia ce qui n'allait pas. Il ne voulait pas que j'aille à l'école parce qu'il était gêné de ma grosseur, ses amis riaient de moi et ça lui faisait mal. Il voulait une maman comme celle de son ami Frédéric. Une maman qui est jolie et qui fait des activités avec lui. En plus, il avait peur que je meure puisque, à l'école, le professeur d'éducation physique avait parlé des bienfaits d'être mince et ses amis lui avaient dit, en riant, que j'allais probablement mourir bientôt. Les petits amis de sa classe trouvaient la maman de Fred cool, mais pas la sienne. En même temps, il me serrait très fort en me disant à maintes reprises qu'il m'aimait et qu'il se sentait très méchant de penser ces choses.

Dans mon cœur, un coup de poignard m'aurait fait moins mal. J'avais juste envie de m'enfermer quelque part et de pleurer toutes les larmes de mon corps, mais je ne pouvais pas le laisser avec une telle émotion.

Je lui ai donc dit merci de me l'avoir dit, puisque aucune maman ne voudrait que son enfant garde en lui des choses qui lui font aussi mal. Depuis combien de temps vivait-il cette honte et cette gêne? Cette émotion devait être d'une extrême lourdeur pour lui. J'ai pris une grande respiration pour m'éviter de pleurer et j'ai répondu que je ne pouvais pas lui promettre que je serais mince comme la maman de Fred, mais je lui promettais de tout faire pour être en santé. Chez nous, une promesse est un mot d'ordre. Mes enfants savent pertinemment que, lorsque je promets, je fais. Cela l'a donc rassuré, et j'en ai aussi profité pour lui expliquer que les gens sont parfois méchants et que, lorsque la situation survient, si lui est confiant dans sa réponse, les autres arrêteront ce genre de commentaires. Il m'a répondu du haut de ses 7 ans qu'il ne pouvait pas être confiant, puisque lui aussi aimerait que je sois en santé. Il est donc parti seul à son activité, car je ne voulais pas lui imposer les railleries des autres. Nul besoin de vous dire que j'ai pleuré une bonne partie de cette journée.

Je sais que cet événement a été déterminant pour moi, puisque jamais mon poids n'avait eu un tel impact sur mes enfants. À ce moment-là, mon embonpoint les faisait souffrir et je devais changer cela.

Mon fils devait rencontrer la psychologue de l'école en raison d'un problème de concentration. Lors de notre entretien, celle-ci m'a parlé de la peine que mon fils m'avait avouée, puisqu'il lui avait déjà confié son malaise et qu'elle lui avait suggéré de m'en parler. Son explication face à la situation m'a bouleversée; elle m'a révélé que mon fils me percevait comme un être parfait.

Il parlait constamment de moi lors de leurs rencontres, toujours en disant à quel point j'étais la meilleure dans toutes les sphères avec lui. Elle m'expliqua aussi qu'il voulait que les autres me perçoivent comme lui me voyait, c'est-à-dire parfaite, alors que la première image que les autres voyaient était mon imperfection.

J'ai donc décidé, à partir de ce jour, que cette situation allait changer.

Je me suis tournée vers la consultation, puisque je ne pensais pas avoir la force d'entreprendre ma démarche sans aide. J'ai la conviction qu'un changement d'habitudes est une démarche que l'on doit effectuer uniquement pour soi. Dans mon cas, mon fils a été l'élément déclencheur. Et qu'y a-t-il de plus fort que l'opinion de son enfant?

Il a été un motivateur hors pair pour moi. Pas une journée ne s'est passée sans qu'il me dise à quel point j'étais belle. Chaque fois qu'il me faisait une caresse, il mesurait mon tour de taille avec ses bras et me disait que j'avais maigri. Lorsque je mange quelque chose que je ne devrais pas, il me demande si c'est légal.

Encore aujourd'hui, il me motive et je ne le remercierai jamais assez d'avoir eu le courage de me dire ce qu'il pensait. Notre rôle de parents consiste à leur donner tous les outils pour être heureux dans la vie et à leur apprendre le plus de choses possible. Laissez-moi vous dire que j'ai aussi appris énormément de lui.

Merci, mon fils !

Ma thérapie et mes fausses croyances

POUR moi, il m'était impossible de me percevoir autrement. Je regardais les filles minces et elles me semblaient avoir de la chance. Mais ce n'était pas pour moi. Ma mère m'avait fait voir plusieurs spécialistes, comme des diététistes et des psychologues. Pourtant, je restais toujours obèse. Je me disais donc que si rien ne m'avait convaincue jusqu'à maintenant, j'allais rester ainsi toute ma vie. Depuis longtemps, je crois que le mental d'une personne joue pour beaucoup sur sa condition physique.

Même si je n'avais aucune idée par quoi commencer, j'étais consciente que je vivais un mal-être et que j'avais peu de confiance en moi. Mes pensées étaient constamment négatives face à mon estime de soi. Magasiner était devenu un enfer et me regarder dans le miroir arrivait de moins en moins.

Si un homme me regardait, je me demandais immédiatement si j'avais quelque chose qui n'allait pas. Si un homme tentait de me séduire, je me disais qu'il était aveugle ou qu'il avait perdu une gageure. Comment croire que quelqu'un me trouvait belle et séduisante alors que j'étais incapable d'y croire moi-même. Pourtant, je réalise aujourd'hui que j'ai repoussé bien des hommes qui auraient été le parfait conjoint. Ces relations n'auraient certainement pas duré, puisque j'avais bien des choses à apprendre sur moi.

Je m'étais complètement rabattue sur mes enfants; ils détenaient toute la place. Aucun homme ne pouvait entrer dans notre bulle. J'étais incapable d'aucune attache! Vous verrez pourquoi la thérapie m'a été d'une grande aide, que je qualifierais même de vitale.

Abattre nos fausses croyances

Vous vous demanderez certainement comment les fausses croyances peuvent-elles avoir une incidence sur la perte de poids? Dans mon cas, elles avaient pris toute la place. Nous avons souvent, au cours de notre enfance, vécu certaines situations qui ont modifié notre manière de percevoir les choses. Un simple incident peut nous avoir marqué au point de changer le cours de notre vie.

Sans la thérapie, je crois que jamais je n'aurais pu y parvenir, puisqu'il m'aurait été impossible de mettre le doigt sur ce qui, un jour, avait modifié ma perception de mes relations avec les autres et, par le fait même, de la relation que j'avais avec moi-même.

• De nos fausses croyances à de belles valeurs

Aujourd'hui, je crois fermement que nous devons détenir la première place quand il s'agit du respect et de l'estime de soi, même avant d'entreprendre une démarche telle que la

RECONSTRUCTION de soi. Que lorsque nous croyons que nous le méritons, nous le pouvons. Dans bien des cas, nous tentons de répondre nous-mêmes à nos manques et à nos questionnements.

Pensez-y! Combien de personnes de votre entourage vous ont déjà mentionné qu'elles avaient lu un article dans une revue ou un journal et qu'elles avaient trouvé ce qui n'allait pas chez elles? Vous l'avez peut-être déjà fait vous-même.

En attente de trouver le parfait psychologue, j'ai commencé ma propre lecture. J'ai imaginé tous les scénarios, j'ai passé en revue tout mon passé.

Se donner une thérapie maison est, à mon avis, la pire des solutions, puisque nous répondons à nos questionnements avec notre propre perception. Alors, comment pouvons-nous espérer changer notre façon de voir les choses?

Au début de mes démarches, j'étais bien loin de croire que la cause était le fait que je ne m'accordais pas suffisamment d'importance pour obtenir la première place, le respect et pour séduire.

J'AVAIS SIMPLEMENT BESOIN D'ÊTRE UNE FEMME PLEINE DE CONFIANCE, QUI ACCEPTE QU'ELLE MÉRITE LE REGARD ET L'ESTIME DES AUTRES POUR CE QU'ELLE EST ET NON POUR CE QU'ELLE APPORTE.

En conclusion, certains faits et souvenirs de notre vie nous échappent et il est important de nous référer à des gens qui ont les connaissances pour vraiment comprendre certains de nos comportements.

S'instituer psychologue n'est jamais une bonne idée. Une personne qui nous écoute et nous guide sans être impliquée personnellement avec nous peut mieux nous confronter et nous analyser que quiconque.

Lorsque nous décidons de faire une démarche aussi capitale que la reconstruction de notre estime de soi, il est important de consulter une personne compétente ayant le bagage pertinent pour nous aider. J'ai magasiné mon psychothérapeute et je devais me sentir à l'aise au plus haut point avec cette personne. Certains d'entre eux ont des techniques différentes, puisque chacun d'entre nous l'est. J'ai consulté un certain temps une psychothérapeute et lorsque j'ai senti que nous avions fait le tour de la question, je suis allée voir ailleurs. Nous sommes les maîtres de notre destin et nous connaissons nos besoins.

Malgré la thérapie, l'écriture de ce livre m'est parfois difficile puisque je vais puiser dans mes souvenirs. La thérapie m'a permis de les comprendre pour aujourd'hui vous les raconter, mais il reste que les livrer me demande énormément.

Je me dis par contre que si certaines d'entre vous se reconnaissent et qu'à la suite de cette lecture, elles décident d'aller consulter afin de comprendre pourquoi nous devenons parfois notre pire ennemie, pourquoi nous acceptons la deuxième place et d'être aimées quand bon nous semble, pourquoi nous ne nous accordons pas l'importance qui nous revient, soit LA PREMIÈRE PLACE, eh bien, ce sera pour moi mission accomplie.

Bien des facteurs peuvent enterrer notre importance, notre respect de soi et notre séduction au plus profond de notre être. Je ne les connais pas tous, mais j'ai réalisé pourquoi j'avais complètement enfoui ces facettes de ma personnalité.

- Pourquoi ai-je toujours accepté de me positionner en deuxième place ?
- Qu'est-ce qui fait qu'un jour, nous devenons celle qui n'existe plus qu'à travers les autres et quand ils en ont envie ?
- Pourquoi existons-nous seulement pour servir et non pour être appréciées pour la personne que nous sommes ?

Quand je raconte mon passé, la plupart des gens ne me croient pas. Il leur est difficile de croire qu'une femme qui a autant de caractère que moi ait pu accepter cette situation pendant des années.

À la suite de ma thérapie, je peux aujourd'hui affirmer que, oui, je me suis laissé tromper pendant des années et j'ai compris que je pouvais parfaitement reprendre le contrôle de ma vie et, surtout, m'exprimer lorsqu'une situation me blesse. L'opinion des autres ne me dérange plus du tout et ceux qui ne l'acceptent pas ne sont pas les bienvenus dans ma vie. Il m'arrive encore de mal m'exprimer lorsque cette même émotion a été vécue dans le passé et j'y travaille encore. Le principal, c'est que je ne la garde pas en dedans de moi.

• De nos fausses croyances à de belles valeurs

> *Comme vous avez pu le constater, pendant les 25 à 30 premières années de ma vie, je me suis positionnée en deuxième place dans le but de rencontrer l'amoureux, l'ami(e) qui me positionnerait en première place, jusqu'au jour où j'ai compris que LA SEULE QUI PARVIENDRAIT À LE FAIRE, CE SERAIT MOI.*

En ayant confiance en moi, en me trouvant belle, en prenant la vie avec un sourire ou un fou rire, en aimant la vie et en me sentant à ma place la majeure partie du temps et surtout en respectant mes valeurs de base, je me donne la première place et je deviens un premier choix.

Lorsque j'ai compris quelles étaient mes fausses croyances et qu'il était important de me placer en première place, il fallait maintenant que j'apprenne à me connaître. Quand nous n'existons plus, que tout ce que nous sommes, c'est une mère, une femme, une sœur, une amie, une employée, nous n'avons plus d'identité propre.

C'est bien de comprendre qu'il nous faut devenir la star de notre vie, mais comment?

Lorsque ma thérapeute me demandait ce que j'avais fait de bien, ce que j'aimais de moi, quelles étaient mes qualités, je n'avais rien à répondre. Il me fallait plusieurs minutes pour réfléchir. De plus, toutes mes phrases commençaient par : « Eh bien, je pense que... », « Toi, qu'en penses-tu ? », « Les gens me disent que... », « Je ne veux pas me vanter, mais... » ... Et je les terminais par un regard à ma thérapeute pour de l'approbation. J'étais incapable de donner une réponse claire et précise.

J'ai donc dû écrire mes meilleurs coups chaque jour ! Je devais me décrire de façon positive seulement et je me sentais tellement mal. J'avais l'impression de me vanter, d'être imbue de ma personne.

Ce processus m'a pris beaucoup de temps, mais j'y suis parvenue, puisqu'un jour j'ai réussi à répondre « MERCI, C'EST GENTIL ! » lorsque quelqu'un m'a dit que j'étais jolie.

J'ai continué de faire ce bilan, pas tous les jours mais chaque année. Je me suis créé un petit rituel bien à moi. Je ne crois pas aux résolutions du jour de l'An. Je suis d'avis que lorsque nous décidons d'entreprendre une démarche, il n'est pas nécessaire d'attendre que le premier de l'An arrive. Je me motive pendant un certain temps et je plonge.

Mon moyen de me rebeller contre ces résolutions est d'écrire mes meilleurs coups de l'année, les projets, démarches et objectifs que j'ai réussi à atteindre. Je fais le bilan de mes réussites et je me récompense. « Je me gâte ! » Quand je termine mon compte rendu annuel et que je le relis par la suite, inutile de vous dire que (pardonnez-moi l'expression) j'ai l'estime *« à fond la caisse ! »*

Je constate ce que j'ai eu la capacité de faire, et voir tout cela me donne des ailes.

Je fais aussi une seconde liste le jour de mon anniversaire, qui consiste à me fixer des objectifs, des défis, et à développer des qualités sur lesquelles je devrai travailler. Je m'efforce de rester réaliste, puisque j'ai tendance à être très exigeante envers moi-même, mais je suis consciente de mes capacités et j'accepte de ne pas être parfaite.

Découvrir qui nous sommes

Après avoir retrouvé mon estime de soi, j'ai dû faire de nouveau connaissance avec moi-même.

- Qui était Stéphanie, la femme ?
- Quels étaient ses goûts, ses passions, ses forces, ses faiblesses, ses buts ?

J'ai dû me poser des milliers de questions et m'apprivoiser. Lorsque notre estime de soi est à sa pleine puissance, il est plus facile de prendre soin de soi.

L'exemple que je donne toujours est celui du marché du travail. Pensez à une situation que vous avez peut-être vécue. Vous avez un supérieur avec qui vous n'avez pas beaucoup d'affinités et, en plus, l'une de ses forces n'est surtout pas de vous valoriser. Comme vous en avez assez, vous décidez donc de changer d'emploi. Cette fois, vous avez la chance d'avoir un supérieur qui ne rate jamais une occasion de vous dire à quel point votre travail est apprécié, il vous critique mais de façon constructive et il tient compte de vos opinions.

Demandez-vous dans quel contexte vous auriez travaillé le plus efficacement ?

Je suis certaine que pour moi la réponse serait dans le nouvel emploi. Pour vous aussi, c'est la même chose.

Une fois que votre estime de soi est de retour, que vous célébrez vos victoires, que vous croyez en votre pouvoir de changer les choses, votre perception de vous-même est maintenant celle d'une personne qui mérite de bonnes choses et de se sentir belle. Ainsi, vous serez plus performante dans votre démarche.

Le bon patron, c'est vous ! Vous tenez les rênes de votre vie, vous en prenez le contrôle !

NOUS CONNAÎTRE, C'EST REPRENDRE LE CONTRÔLE DE NOTRE VIE, NOUS DONNER LE CHOIX D'ACCEPTER CE QUI CORRESPOND À NOS VALEURS ET REFUSER CE QUI NOUS FERA ÉVENTUELLEMENT DU TORT.

L'important, c'est de bien connaître la personne que nous sommes et de nous sentir à notre place lorsque nous faisons une activité. Je vous donne quelques exemples.

• La condition physique

La condition physique est devenue une autre de mes passions. Je n'imagine pas ma vie sans activité physique. Il m'arrive de prendre des pauses de temps à autre, mais j'ai la conviction que je vais m'entraîner et faire de l'exercice toute ma vie.

J'adore le sujet de l'alimentation, les bains libres avec mes enfants à la piscine municipale l'hiver, faire du vélo à l'extérieur en été et du vélo stationnaire en hiver, être capable de faire de plus en plus de course à pied, faire des séances d'aérobie. Je ne le fais pas simplement pour perdre du poids, mais parce que j'aime le faire. J'ai développé des connaissances en ce qui a trait à l'alimentation et je veux toujours en savoir plus. Je lis maintenant des livres concernant les bienfaits hormonaux de l'entraînement. Du même coup, j'inculque cette valeur à mes enfants et nous sommes tous gagnants.

Vous m'auriez fait la prédiction que ce sujet allait me passionner il y a quelques années et j'aurais probablement ri de vous. Là encore, il m'est arrivé d'envier les gens qui étaient passionnés par l'activité physique.

• Ne me regardez plus danser, dansez avec moi !

Je ne sortais jamais et la boisson la plus forte que je buvais était le café. Quelle vie de débauche je menais!

Aujourd'hui, je suis devenue quelqu'un qui a besoin de sortir et de lâcher son fou. J'ai renoué avec une amie que j'avais perdue de vue et lorsque nous sommes sorties ensemble et qu'elle m'a regardée danser jusqu'aux petites heures du matin, elle n'en est tout simplement pas revenue. Auparavant, je sortais peut-être une fois tous les six mois, même une fois par année.

Je me sentais tellement mal dans les bars que je ne dansais pas, je ne buvais pas et je me souviens d'avoir regardé ces femmes qui, elles, semblaient avoir tellement de plaisir. Combien de fois ai-je admiré des femmes dans des soirées : elles semblaient confiantes, dansaient, chantaient et riaient aux éclats.

Maintenant, je suis cette femme qui a du plaisir et qui jouis de sa soirée. Je ne quitte le plancher de danse que pour de brefs moments, je chante, je ris, je parle aux gens.

MON BUT, EN ÉCRIVANT CE LIVRE, C'EST QUE PLUS AUCUNE FEMME NE ME REGARDE EN SE DISANT QU'ELLE AIMERAIT S'AMUSER COMME JE LE FAIS.

Devenez votre meilleure amie

MAINTENANT que j'ai fait connaissance avec moi-même, que j'ai la première place, je prends soin de moi! Le fait de devenir ma meilleure amie a été une étape très importante pour moi.

- Demandez-vous ce que vous ressentez pour votre meilleur(e) ami(e).
- Prenez quelques instants et faites une liste de ce que vous feriez pour cette personne.
- Pour un(e) meilleur(e) ami(e), rien n'est impossible, alors pourquoi ne pas vous offrir le même traitement?

Il en va de même dans une nouvelle relation. Je sais bien que, lorsqu'on débute une relation, on pardonne plus facilement tous les petits gestes qui nous contrarient; l'autre est toujours drôle, notre critique est beaucoup moins sévère et nous lui accordons de petites attentions spéciales. Alors pourquoi ne faisons-nous pas de même pour nous? Je me suis souvent ramenée à cette réflexion pour être moins critique envers moi-même et me foutre la paix. Il faut apprendre à se foutre la paix de temps à autre et se donner le droit à l'erreur.

J'ai compris, au fil du temps, que je méritais toutes les belles attentions que j'accordais aux autres. Que la valorisation que je pouvais leur donner pouvait m'appartenir à moi aussi. Je suis donc devenue ma meilleure amie, ma meilleure motivation en ville!

Encore aujourd'hui, lorsqu'une situation me gêne, je me parle toujours comme je parlerais à une amie qui vivrait la même situation.

NOTRE CERVEAU EST SOUVENT PROGRAMMÉ
DE TELLE SORTE QUE LE FAIT DE PENSER
À SOI EST JUGÉ ÉGOÏSTE.
SACHEZ FAIRE LA DIFFÉRENCE ENTRE S'ACCORDER
DE L'IMPORTANCE ET ÊTRE NARCISSIQUE.

Lorsque vous êtes gênée d'aller faire l'exercice que vous préférez, comme aller au centre de conditionnement physique, à la piscine, faire de la bicyclette, du jogging, de la marche, etc., parlez-vous! Dites-vous que vous le faites pour vous. Vous vous offrez un cadeau que vous méritez. Vous verrez, votre subconscient y croira très rapidement.

Avant de partir, je me parlais toujours. Au lieu de me dire: « Ah non, je vais au centre de conditionnement physique », je me disais: « Tu l'as bien mérité, tu as bien travaillé aujourd'hui, va te faire plaisir au centre de conditionnement physique. » Essayez-le! Faites de même lorsque vous avez une soirée et que vous sentez la gêne monter, parlez-vous aussi!

Demandez-vous pourquoi vous ne vous accordez pas le droit d'avoir du plaisir comme les autres.

MOI, JE ME PARLAIS CONSTAMMENT :
« ÇA SUFFIT, STÉPHANIE, LA SEULE PERSONNE
QUI T'EMPÊCHE D'AVOIR DU PLAISIR, C'EST TOI. »

Aujourd'hui, il faut qu'on m'arrête. Un autre exemple : lorsque mes amis organisaient une activité, je ne me donnais même pas le droit d'essayer et je m'en privais. J'étais gênée de ne pouvoir y arriver, jusqu'au moment où je me suis motivée. Quel plaisir j'ai eu ! Croyez en votre potentiel et vous trouverez les mots pour vous motiver vous-même.

La pensée magique

UNE fois tous ces kilos en trop disparus, il m'a fallu faire disparaître la pensée magique qui m'avait habitée depuis des années.

Pour moi, les femmes qui portaient une paire de jeans de taille 9 ne devaient pas avoir de problèmes. La vie pour elles devait être tellement simple et belle. Comment pouvaient-elles ne pas être heureuses ? Elles avaient la forme, la possibilité de faire les activités qu'elles désiraient avec leurs enfants, les hommes devaient les courtiser et, en plus, elles avaient la silhouette pour porter la majeure partie des vêtements à la mode disponibles dans les boutiques.

J'étais ce qu'on appelle *une rêveuse à la pensée magique*. Tout serait réglé et je serais pleinement heureuse le jour où j'aurais perdu tous ces kilos en trop. Tout problème qui surviendrait une fois plus mince ne serait que des peccadilles. Je prends conscience aujourd'hui qu'il était plus facile de reposer mon bonheur sur une rêverie que de faire preuve de réalisme et de régler véritablement ce qui n'allait pas.

QUI N'A PAS DÉJÀ DIT :
« JE SERAI HEUREUX LE JOUR OÙ... ÇA IRA BIEN LE JOUR OÙ... JE SERAI BIEN QUAND... »

Jusqu'au jour où j'ai compris que ma perte de poids m'apportait des centaines de points positifs et que rien ne pourra jamais remplacer le bien-être que je vis tous les jours.

Cependant, d'autres étapes ont suivi avant d'atteindre la paix intérieure que je ressens aujourd'hui.

Ma pensée magique du bonheur parfait s'était déjà beaucoup envolée avec la thérapie, mais certaines situations auxquelles je n'étais pas préparée m'ont vraiment remis les deux pieds sur terre.

Je vous avouerai qu'on entend bien des histoires à succès de perte de poids et que, dans tous les cas, les gens semblent flotter sur un nuage. Dans mon cas, j'étais fière de mon cheminement, de l'être que je devenais chaque jour, c'est-à-dire celle que j'étais fondamentalement, des années plus tôt. Mon moi à l'état pur avec mes passions, mes envies et la confiance pour me diriger vers mes aspirations.

Je vous avouerai cependant qu'à certains moments, j'aurais repris ces 150 livres (68 kilos) qui m'enrobaient.

Je vous entends d'ici me dire que c'est affreux de parler ainsi, mais sachez que l'obésité m'amenait certains avantages.

Bien qu'ils fussent minimes comparativement à ceux que j'ai aujourd'hui, ils étaient quand même de taille (c'est le cas de le dire!).

Comme je le mentionnais au début du livre, mon univers était en majeure partie peuplé de garçons et d'hommes. Leur amitié m'était très précieuse, car ils étaient pour moi des frères. Même quand on pèse 300 livres (136 kilos), on est et on restera à jamais une amie.

Nos amis de gars qui nous entourent sont de vrais amis, puisque nous ne sommes pas un attrait sexuel; leurs conjointes ne se sentent en aucun cas menacées, car l'amie pèse 300 livres (136 kilos). Jamais leur conjoint ne les quitterait pour une femme ayant autant de poids en trop.

Ma définition de l'amitié homme-femme a pris une tout autre tournure après ma métamorphose. J'ai fait face à la jalousie féminine et, en tant que femme moi-même, je peux vous affirmer qu'elle peut être féroce. Ma présence devenait quelque chose de menaçant. Se sentir confiante face à l'amitié de son homme pour une femme de 300 livres (136 kilos) prend une tournure différente lorsque cette même femme perd 150 livres (68 kilos), croyez-moi. J'ai vécu aussi ce que j'appelle des peines d'amitié; celles-ci m'ont fait aussi mal qu'une peine d'amour.

Ces hommes étaient pour moi des frères, des confidents et, moi, j'étais une excellente et fidèle amie. Je devenais donc pour certains d'entre eux une femme qui maintenant éveillait leurs désirs sexuels. Je n'étais plus pour eux la petite sœur, la confidente, mais bien la femme avec qui ils se voyaient éventuellement faire leur vie ou bien fréquenter.

L'obésité me protégeait de ces éventuelles amourettes en quelque sorte, elle me protégeait de la jalousie de la copine de mes amis de toujours. Elle me servait aussi contre la séduction de l'homme trop insistant dans un bar ainsi que du flirt de cet homme que nous trouvons si gentil mais qui a souvent fait face au rejet et à qui nous devons dire qu'il ne nous intéresse pas. Les avantages de la perte de poids sont certes beaucoup plus nombreux, mais il reste que les désavantages existent et qu'aujourd'hui, l'amitié homme-femme a pris une définition autre.

Évidemment, certains sont restés dans ma vie ; ils n'ont pas tous tenté de me séduire, mais j'ai quand même perdu de belles amitiés.

Changez vos habitudes une à une

LORSQUE j'ai pris la décision de changer mes habitudes et de me concentrer sur la mise en forme de mon corps et de mon esprit, j'ai fait comme la plupart des gens et j'ai opté pour un virage à 180 degrés. Rappelez-vous, au début du livre, lorsque je mentionne ce réflexe de vouloir tout changer à la suite d'une émission de télévision que nous venons de voir.

J'ai réagi de la même façon, jusqu'à ce que je réalise que j'étais délinquante au plus haut point et que le simple fait de m'imposer les choses n'avait qu'un résultat : ça ne fonctionnait tout simplement pas. J'avais l'impression de manquer de persévérance et ma confiance s'en voyait atteinte négativement. Je me décevais, déclenchant ainsi le mécanisme de la poignée du réfrigérateur ; j'engraissais, et la roue tournait dans le mauvais sens.

Je me suis alors penchée sur la question et j'en ai conclu qu'il nous est impossible de changer 10, 15, 20 et même 25 années d'habitudes en une seule soirée. J'ai donc modifié mes habitudes, une à la fois. Les deux premières semaines, j'ai éliminé les boissons gazeuses que je buvais en quantité industrielle. Aujourd'hui, j'en bois très rarement et je déteste la sensation d'être ensuite gonflée comme une montgolfière, car mon corps s'est adapté à mon changement. Deux semaines plus tard, j'ai diminué le pain, et ainsi de suite. J'ai apprivoisé ma nouvelle façon d'agir. J'ai fait la même chose pour l'exercice et la gestion de mon temps. J'ai complété un calendrier de mes objectifs et les délais.

De cette façon, il est possible de changer toutes nos façons d'agir en s'adaptant, sans pour autant faire d'énormes efforts ou s'imposer une situation.

RAPPELEZ-VOUS TOUJOURS QUE VOUS AVEZ VÉCU DES ANNÉES AVEC CERTAINES HABITUDES, ALORS QU'EST-CE QU'UNE ANNÉE OU DEUX POUR VOUS DONNER LA CHANCE DE BIEN VIVRE PENDANT DE LONGUES ANNÉES PAR LA SUITE ?

Il en est de même si votre but est autre que celui de perdre du poids. Peu importe votre but, sachez prendre le temps de vous adapter à la nouvelle situation et ne vous imposez rien. Travaillez votre estime de soi et traitez-vous comme vous le feriez pour votre meilleur(e) ami(e).

La gestion de temps

POUR pouvoir s'accorder du temps, il faut pouvoir s'imposer auprès des autres. Pour pouvoir s'imposer, il faut être convaincu d'en valoir la peine. J'avais tendance à me sentir coupable lorsque je pensais à moi, phénomène qui se produit surtout chez les femmes. Le pire dans tout cela, c'est que nous avons tendance aussi à culpabiliser les hommes d'être capables de décrocher et de penser à eux. Demandez-vous si votre conjoint pense au petit dernier lorsqu'il joue au hockey; demandez-vous s'il pense à l'épicerie quand il reçoit ses amis lors du Superbowl; demandez-vous s'il pense aux repas de la semaine lorsqu'il sort avec des collègues le soir. Je vous assure que la réponse est non. Au risque de vous brusquer un peu, je crois qu'ils ont tout à fait raison de le faire ainsi. Je suis certaine que les hommes ont beaucoup à nous apprendre à ce propos.

Maintenant que j'étais devenue ma meilleure amie et que j'arrivais à me donner le coup de pied nécessaire pour faire ce dont j'avais envie, j'ai dû revoir la gestion de mon temps. Il me fallait du temps à moi pour pratiquer ces activités. Je vous dirais qu'à une certaine période de ma vie, les samedis et dimanches ne servaient qu'aux tâches ménagères. Tout était une corvée; le lavage, le ménage, les courses devenaient des tâches qui n'en finissaient plus. J'ai compris pourquoi c'était ainsi: je n'avais pas l'énergie nécessaire pour faire autrement. Pour moi, la journée se terminait tout de suite après la vaisselle du souper. Le reste de la soirée était consacré à m'asseoir et à regarder la télévision en mangeant des « gâteries ».

Aujourd'hui, mes soirées sont meublées d'au moins une tâche et même d'une activité. Quoi de plus agréable que d'aller à la piscine avec les enfants ou d'aller marcher.

LA FORME PHYSIQUE M'A DONNÉ LA CAPACITÉ D'AVOIR PLUS D'ÉNERGIE ET PLUS DE TEMPS À MOI LES WEEK-ENDS.

• Les enfants

Quelle femme n'a jamais ressenti de la culpabilité en demandant à ses enfants d'attendre alors qu'elle était concentrée à une tâche? Pour ma part, c'était un mécanisme automatique. Je me sentais coupable dès que je leur demandais d'attendre une minute. Lorsque je me suis enfin offert la première place et que je me suis accordé l'importance que je méritais, ce sentiment s'est dissipé de lui-même.

Mes enfants comprennent maintenant que, lorsque je fais de la lecture, j'écris, je bavarde au téléphone avec un ami, j'ai le droit d'avoir mes moments à moi. Pour arriver à leur faire comprendre le principe, j'ai commencé par leur expliquer que j'ai aussi droit à mes moments et à ma concentration. J'ai même poussé la leçon jusqu'à les déranger et m'asseoir sur leur lit quand ils recevaient des amis à la maison. J'ai aussi interrompu leurs lectures et leurs devoirs. Bien sûr, le tout était fait sous le signe de l'humour, mais leur faire ressentir ce que, moi, je ressentais a beaucoup aidé.

Cette mentalité est maintenant bien établie dans la maison et le tout se passe dans le respect. Il leur arrive même d'expliquer le concept à leurs amis lorsque ces derniers sont à la maison. De plus, ils exigent aussi du temps qui leur appartient! Mission accomplie, et tout le monde est heureux !

• La préparation de notre semaine

Quand je me suis mise à travailler sur la gestion de mon temps, je me suis également occupée de ma perception des tâches. J'adorais que les repas soient préparés d'avance pour la semaine et, en même temps, je détestais avoir à consacrer une partie de mon week-end à leur préparation.

Comment joindre l'utile à l'agréable? Je me suis donc motivée à voir cette tâche autrement : pourquoi ne pas s'amuser tout en les faisant? Pourquoi ne pas accomplir cette tâche avec de la bonne musique et l'aide des enfants? Cette tâche est donc devenue dans ma tête une activité avec les enfants qui nous procurait bien du plaisir et nous avions ainsi l'occasion de discuter. Par conséquent, la tâche devenait une activité plaisante pour notre petite famille.

J'AI DÛ APPRENDRE À ME RÉSERVER DU TEMPS
À MOI. PRENDRE SOIN DE MOI SIGNIFIAIT
QUE J'EN VALAIS LA PEINE.

Maintenant, je m'organise des soirées : vin, sushis, manucure, soins de la peau, film, bain à la chandelle et lecture. Je me suis même déjà payé une chambre d'hôtel.

• Les plaisirs simples

S'accorder du temps veut aussi dire apprécier chaque minute qui passe. Depuis combien de temps ne vous est-il pas arrivé de vous dire comme vous vous sentez bien en ce moment ? La vie d'aujourd'hui va très vite, elle file à toute allure. Ma définition du bonheur est la suivante : ÊTRE LE PLUS SOUVENT POSSIBLE AU BON ENDROIT. Apprécier les plaisirs simples, c'est aussi se les accorder.

Par le passé, il m'est arrivé trop souvent de me plaindre concernant les courses, la préparation des repas, le ménage. J'ai donc décidé de me faire une liste de priorités.

Qu'est-ce qui avait le plus d'importance, en se basant sur mes valeurs que je connaissais maintenant ?

Par exemple, je ne prenais plus le temps de jouer avec les enfants à des jeux de société le soir, parce que je devais préparer le repas, faire le lavage et toutes les autres tâches. Nous devions donc nous dépêcher. Nul ne savait pourquoi, mais je suivais la cadence de la journée et je me hâtais.

En définissant mes priorités, j'ai donc décidé de préparer les repas à l'avance et faire les devoirs des enfants pendant que le repas était au four. Laisser tomber un peu le ménage en acceptant un certain désordre. Tout cela se faisait dans l'harmonie et je me répétais souvent à quel point je me sentais bien de jouer avec eux, que le ménage pouvait bien attendre.

Une fois de plus, mon cerveau a enregistré l'information. Lorsque je faisais les courses, je m'arrêtais aussi pour me rappeler que je m'accordais du temps sans les enfants, que j'aimais bien prendre le temps de regarder les nouveaux produits et de laisser aller mon imagination pour composer des repas différents.

La même chose s'est produite concernant l'écriture de ce livre. Il m'arrivait d'aller dans un petit café, d'étaler tous mes papiers sur la table et d'écrire quelques heures en me disant que je me sentais bien dans cet endroit et que je m'accordais du temps pour me concentrer dans une ambiance paisible et confortable. J'ai conditionné mes pensées positivement pour les petites tâches simples, les petits plaisirs de la vie, alors imaginez ma vision des moments forts.

IL M'A FALLU DES ANNÉES AVANT DE TROUVER
QUE LA VIE ÉTAIT VRAIMENT BELLE.
JE SOUHAITE À TOUS ET À TOUTES
DE CONNAÎTRE AUSSI CE BONHEUR !

Apprivoiser notre séduction

NOTRE corps est une enveloppe qui, une fois recouverte de vêtements, peut refléter plusieurs facettes de notre personnalité : décontractée, sportive, séductrice en une robe de soirée, professionnelle vêtue d'un tailleur, femme de ménage dans de vieux vêtements amples, femme fatale en déshabillé, amoureuse complètement nue, romantique camouflée sous son chandail de lainage et son jean, vacancière en maillot de bain, etc.

Ne croyez-vous pas que chacune d'entre nous devrait pouvoir se transformer de la sorte selon ses humeurs? Nous devrions pouvoir nous sentir dans notre élément juste en changeant de vêtements, tout en nous sentant bien et belles.

Pourtant, combien de femmes peuvent affirmer qu'elles sont à l'aise dans tous ces éléments?

Depuis notre tendre enfance, la séduction fait partie de nous. Prenez, par exemple, la phase d'Œdipe où, dès notre plus jeune âge, nous tentons de séduire le premier homme dans notre vie, soit notre père. Une séduction trop présente peut aussi devenir un problème, mais dans mon cas, elle n'existait plus depuis belle lurette et je m'accordais la deuxième place.

Comme je l'ai mentionné plus tôt, lorsqu'un homme tentait de me séduire, je n'y croyais pas.

• Un autre de mes écrivains : ma première lingerie

J'ai fréquenté un homme pendant quelque temps qui m'a bien appris sur la séduction. Cet homme m'a fait le plus grand des cadeaux et j'espère qu'il en est conscient. Il possède la plus belle des qualités, soit celle de toujours dire ce qu'il pense. Avec lui, il fallait s'assurer d'être capable d'encaisser la réponse avant de poser la question.

S'il m'avait dit un jour qu'un ovni venait d'atterrir, croyez-moi, je serais allée voir. J'avais déjà perdu beaucoup de poids, mais je ne le sentais pas encore psychologiquement. Je m'habillais toujours de noir et lui adorait les femmes habillées de vêtements colorés. Un soir, je lui demande ce qu'il changerait dans ma façon de m'habiller, car j'avais envie de refaire ma garde-robe et je voulais son opinion. Sa réponse commença par : « Tu es la femme la plus drôle, trippante et cool que je connaisse. J'ai enfin trouvé une femme qui est ma blonde, super belle avec qui je vis plein de moments doux et, en même temps, je peux avoir du fun comme si tu étais un de mes amis. Comment une femme comme toi peut s'habiller comme si elle allait dans un enterrement? Tes vêtements et ta lingerie ne reflètent pas du tout ta personnalité. » Et vlan!

La première chose que je me suis dite fut : « Je n'en demandais peut-être pas autant! » Et il ajouta : « Je ne te demanderai jamais de le faire pour moi, mais si tu veux, je vais t'aider à mettre de la couleur dans ta garde-robe et dans ton tiroir de sous-vêtements. » Ma seule réponse fut : « Merci, tu peux t'arrêter ici, j'ai assez d'informations. »

Je n'étais pas fâchée, car je le lui avais demandé, mais avouez que l'information était très, très complète.

Le week-end suivant, nos enfants étant chez leurs père et mère respectifs, nous allions donc passer un week-end en amoureux. Comme je suis très créative, j'avais l'habitude de toujours préparer quelque chose de spécial lors de nos week-ends, mais cette fois-ci, il a pris les devants. Il m'a appelée au travail en matinée pour me dire de ne rien préparer pour le souper, qu'il s'en chargeait et qu'il passerait me prendre chez moi. Il n'a pas dit où nous irions, c'était une surprise.

Je me demandais bien quelle était notre destination, puisque la route était longue. Jamais je n'aurais imaginé qu'un homme puisse penser à autant de détails. Il m'a emmenée dans une boutique de lingerie. Il avait téléphoné au cours de la journée pour savoir où on offrait des tailles fortes, ne voulant pas que je me sente mal à l'aise si les autres tailles ne m'allaient pas. Il m'avoua qu'il avait peur que je lui donne la raison que rien ne m'allait et il avait prévu le coup. Il m'imposa une condition : je n'avais pas le droit d'acheter un sous-vêtement beige ou de maintien ; seulement de la dentelle, des dessous légers et des strings. Je n'avais pas à les lui montrer au magasin, il désirait simplement que je me sente confortable.

Il m'apportait tout ce qu'il trouvait joli. Arrivés à la maison, avant de préparer le repas, il m'a fait couler un bain moussant avec des chandelles, et m'a offert une coupe de vin. J'avais comme mission de me choisir un dessous, car c'était la seule tenue acceptée pour le souper. Les cinq premières minutes suivant mon arrivée à la cuisine ont été atroces, jusqu'à ce qu'il me fasse comprendre que le fait de me voir ainsi vêtue n'allait pas diminuer son estime à mon égard, au contraire. Que fermer les lumières ne changerait rien, que mes vêtements cachaient ma peau et non mes formes, et qu'en me voyant la première fois, il savait très bien que je ne pesais pas 100 livres (45 kilos).

Il avait fait le choix d'être avec moi et il y était parce que je l'attirais.

Depuis son passage dans ma vie, mon tiroir déborde de beaux sous-vêtements et ma garde-robe est très colorée.

Cet homme ne fait plus partie de ma vie aujourd'hui, mais ce qu'il a fait pour moi restera toujours gravé dans ma mémoire.

Faites le « Wow » dans le miroir !

Nous trouver belles et être satisfaites de ce que nous sommes est devenu un art de nos jours. Il faut avoir beaucoup d'estime de soi pour faire le « Wow » dans le miroir ! Eh bien, croyez-moi, J'Y ARRIVE !

Nous sommes bombardées par les publicités et les magazines de toutes sortes. Sommes-nous immunisées contre le manque d'estime de soi, après une thérapie ? Bien sûr que non. Il faut constamment nous redire que nous sommes belles, nous occuper de nous, nous féliciter et nous apprécier. Tous les matins sans exception, j'ai l'habitude de m'habiller, me maquiller, me parfumer et porter des bijoux, et cela, même si je ne dois pas sortir de la journée, tout simplement parce que je le fais pour moi.

Il faut pour cela faire quelques exercices qui, de prime abord, vont vous sembler d'un ridicule, mais croyez-moi, ça fonctionne.

Comme je vous l'expliquais plus tôt, je suis devenue, avec le temps, une adepte des boîtes de nuit. Je danse jusqu'aux petites heures, et cela, sans remords ni regrets, et je me sens absolument irrésistible. Mon secret? Le jeu du miroir. Maintenant, avant de sortir, une simple musique d'ambiance entraînante me suffit pour passer une belle soirée, mais j'ai débuté par l'exercice du miroir.

La musique a toujours eu un grand effet sur moi. Elle représente souvent, dans ma mémoire, un état ou un souvenir. Il nous arrive tous d'entendre une chanson et de nous transporter dans une situation que nous avons vécue. Une certaine chanson vous rappelle votre première danse avec votre premier copain, une autre vous rappelle une sortie entre filles, une peine d'amour, un premier baiser, des vacances, et la liste pourrait s'allonger. La musique est souvent très représentative de l'état d'esprit dans lequel nous nous trouvons. Il est bien rare de voir quelqu'un pleurer sur la musique qui fait danser tout le monde dans les discothèques, comme il est rare de voir quelqu'un danser sur la musique la plus populaire de l'année pour la danse des mariés.

Le but de l'exercice du miroir est simple : se mettre dans un état de fête tout en se trouvant séduisante et sexy! Voici mon rituel et adaptez-le comme vous le voudrez. Il s'agit de trouver la musique sur laquelle vous ne pouvez vous empêcher de vous trémousser. Celle pour laquelle vous montez le volume automatiquement. Dansez simplement devant le miroir en vous imaginant être dans une salle pleine de gens, où vous êtes la femme la plus séduisante et sexy de la soirée.

Je vous entends déjà me dire que c'est facile, mais détrompez-vous. Il m'a fallu plusieurs séances avant de pouvoir être à l'aise avec cela. Les premières fois où il m'est arrivé de le faire, je me sentais tellement ridicule que le temps maximal de danse était de une minute. Je ressortais alors de la salle de bains en me demandant pourquoi je venais de faire une telle chose. La deuxième fois, même résultat et, avec le temps, j'ai augmenté mon temps de plus en plus.

Maintenant, je peux le faire devant n'importe qui. Essayez-le et n'abandonnez surtout pas, c'est important. De plus, avant une sortie, servez-vous un verre de vin, mettez la musique le plus fort possible et prenez tout le temps qu'il vous faut pour vous faire une beauté.

Une fois que vous vous jugerez séduisante et sexy, dansez et faites le « Wow » dans le miroir. Je vous assure que vous passerez une soirée des plus folles.

L'amour

Pour être franche avec vous, je dois admettre que je n'ai pas encore rencontré l'amour, du moins pas cet amour de l'homme avec qui je me vois partager ma vie. Ces dernières années, je me suis reconstruite et je me suis redécouverte. Je connais aujourd'hui mes valeurs, je me suis occupée de mes enfants, j'ai fait le ménage parmi mes amis, j'ai remodelé mon corps que j'accepte de plus en plus, malgré ses imperfections.

Le plus important est probablement que je sais maintenant reconnaître l'amour qui est sain pour moi, puisque je m'offre ce même amour. Les hommes qui me considéraient comme deuxième, je ne les vois même plus.

J'ai réalisé en thérapie que mon rôle de deuxième me menait souvent vers des abandonneurs, le genre d'hommes qui se remettent toujours en question, qui perdent toutes leurs énergies à se poser des questions sur la relation plutôt qu'à la bâtir. Nous sommes, pour ces hommes, la huitième merveille du monde, jusqu'à ce que la neuvième arrive. Ils sont éternellement insatisfaits, vivent dans le regard des autres et vont toujours vers l'inaccessible. Ils désirent ce qu'ils ne peuvent pas avoir, s'en font un défi, et une fois qu'ils l'ont obtenu, se sentent incapables de s'investir dans cette relation. Ces hommes ne nous portent pas la même attention de semaine en semaine, puisqu'ils sont constamment incertains.

Je suis loin de croire que l'amour est toujours un conte de fées, mais il m'est impossible de concevoir faire ma vie avec un homme qui m'aime en montagnes russes. Si un tel homme croise ma route, je lui souhaite, au plus profond de moi, de s'aimer un jour, mais d'ici là je suis incapable de m'investir dans ces conditions. Ma petite voix me donne alors le signal et je dis : « Jamais ! »

Je recherche l'amour mutuel, qui se vit dans le respect. Celui qui n'a rien de passionnel, mais qui grandit avec le temps. Celui qui se vit dans la fidélité, une famille unie et un couple qui s'investit. Cet homme qui partagera ma vie aura un sens de l'humour omniprésent puisqu'on aime rire quand on est heureux et pour moi, rire, c'est comme respirer. Je ne veux plus jamais être celle qui ne se rappelle pas à quand remonte la dernière fois où elle a ri de bon cœur.

Ce sera un homme que j'admirerai dans ses petites actions et qui me fera grandir. Ce sera aussi un homme qui me dira qu'un ovni vient d'atterrir dans la cour et je me lèverai d'un bond pour aller voir ; j'aurai donc une immense confiance en lui.

Étant donné que nous devons toujours nous améliorer et que notre travail sur nous-mêmes n'est jamais terminé, je dois vous avouer que ce point, l'amour, est encore à travailler. Quand on vit aussi longtemps seule, il est difficile de laisser entrer quelqu'un dans sa vie, mais j'en suis maintenant à cette étape.

Mes enfants sont maintenant des ados et ils deviennent de plus en plus indépendants. La vie suit son cours et leurs amis prennent de plus en plus de place. Je suis contente d'avoir entrepris ce travail sur moi avant cette période de leur vie, puisque je suis maintenant plus souvent face à ma solitude et qu'il est temps pour moi d'y laisser entrer celui qui comblera un vide sain dans ma vie, et non mon manque de confiance et d'estime de soi.

JE ME PROMETS DONC DE VOUS PARLER DE
CET HOMME QUE JE N'AI PAS ENCORE RENCONTRÉ,
MAIS QUE JE RECONNAÎTRAI EN LE VOYANT.
ÉPISODE SUIVANT DANS UN DE MES PROCHAINS LIVRES...

C'est bien d'avoir la première place, maintenant acceptons-la !

UN autre homme passa dans ma vie pour me laisser de belles compréhensions sur son passage. Il s'appelait Jean-François. Cet homme avait absolument toutes les qualités que je recherchais, et son seul défaut ne lui appartenait pas : il habitait à cinq heures de route de chez moi. Je ne voulais pas m'investir dans une relation sérieuse, alors une relation à distance me semblait une bonne solution pour préserver l'indépendance dont j'avais tant besoin. Malheureusement, nous nous sommes fait prendre au jeu tous les deux et nous sommes devenus amoureux.

Ses valeurs familiales étaient très solides, c'était un père très présent pour ses enfants, il aimait bien fêter et me couvrait de sa chaleur à tout moment. Il nous était impossible de cesser de nous embrasser, de discuter, et les câlins étaient omniprésents. Mes enfants l'adoraient et il avait une patience d'ange. De plus, il m'encourageait et admirait toutes mes petites victoires comme personne d'autre. S'il savait que j'avais une présentation, une réunion ou autre qui devait se passer dans la journée, j'étais certaine de recevoir un courriel me disant de ne pas lâcher, que j'étais la meilleure.

Tous les soirs, lorsqu'il restait chez lui, nous discutions durant deux ou trois heures. Quelle bonne écoute il avait et quel bon ami il était! Nous avions toujours du plaisir ensemble, c'était mon ami et mon amoureux à la fois.

• Ma première escalade

Jean-François était un sportif extrême. Il faisait du vélo et du jogging pendant des heures le soir, de l'escalade de glace et, en plus, il était capitaine de bateau.

Sa vie comportait un nombre incalculable de risques et il vivait à 200 kilomètres-heure. Un de mes collègues et ami faisait de l'escalade intérieure et j'ai eu envie d'essayer. Nous avons donc décidé que je tenterais l'expérience. Arrivée avec Jean-François, mon collègue Philippe et sa conjointe Catherine au centre d'escalade intérieure, j'ai constaté que les roches sur lesquelles devaient s'appuyer nos pieds étaient minuscules. J'ai soudainement eu la crainte de ne pas réussir.

Je me rappelle que tout ce qu'il m'était possible de penser était : JE NE SERAI JAMAIS CAPABLE ! Mes bras n'auront jamais la force de soutenir mon corps, c'est impossible. Tous avaient fait leur tour d'escalade et c'était maintenant à moi d'essayer. J'ai alors réalisé que je montais rapidement, j'avais une force incroyable et j'allais même me rendre jusqu'en haut! Tout ce que j'entendais, c'était Jean-François qui disait à quel point il était impressionné de ma force et qui m'encourageait. Que c'était bon d'entendre : « Tu es super, chérie! »

J'étais tellement fière de moi que je ne voulais plus arrêter, au grand désarroi de mon ami Phil, qui tenait le harnais. J'ai trouvé une réelle passion dans l'escalade, comme quoi il est important de se défier physiquement. Grâce à Jean-François, j'ai pris conscience de l'importance d'avoir confiance en soi et que la confiance joue pour beaucoup dans tous les domaines de notre vie. J'étais, à ce moment-là, encore plus grosse psychologiquement que je l'étais physiquement.

Il se pavanait si fièrement à mon bras et n'avait aucunement peur de dire aux autres à quel point il me trouvait belle, intelligente, vraie, et j'en passe. Il m'a donc donné confiance en moi. Il m'a aussi confrontée sur un point que je n'ai jamais oublié.

Quand nos relations du passé sont toutes basées sur le fait d'être la deuxième, nous développons un mécanisme qui consiste à tout faire seule et à ne rien attendre de l'autre.

Lorsqu'un homme qui comprend ce qu'est l'engagement et a comme principe de prendre soin de celle qu'il aime entre dans notre vie, les actions causent des frictions. J'avais développé une peur de l'attention inhabituelle que l'autre me portait puisque, pendant longtemps, un surplus d'attention de la part de mon conjoint signifiait probablement qu'il m'avait trompée.

Jean-François, lui, avait pour moi toutes les attentions du monde. En voici un exemple simple : je rentre du travail un soir et il avait fait la lessive, l'épicerie, changé la pièce de ma porte d'entrée qui ne fonctionnait plus, et était allé avec les garçons remplacer leurs cordes de guitare. Ma première question, au lieu de lui dire merci, a été : « Pourquoi tu as fait tout ça, j'aurais pu le faire... » Avec le plus grand des calmes, il m'a répondu simplement : « Parce que tu le mérites! » tout en me donnant un baiser. Il a poursuivi par : « Je ne veux plus en entendre parler. » Je l'ai ensuite remercié.

La semaine suivante, il était presque minuit et j'avais une énorme migraine. Il me dit de prendre de l'Ibuprofène, mais je n'en ai plus. En trois secondes, il enfile son manteau et part en acheter. Il revient 30 minutes plus tard, puisque tout était fermé et qu'il a dû trouver un endroit ouvert 24 heures. En arrivant, il me donne les comprimés avec de l'eau, va chercher un oreiller, appuie ma tête sur ses jambes et me fait un massage des tempes. Je réussis enfin à m'endormir. Lorsque je me réveille, je le remercie en lui faisant une grosse caresse. Mais il a fallu que j'ajoute : « Pourquoi tu as fait tout ça? » Et, encore une fois, il m'a répondu avec un calme : « Tu m'as dit la même chose la semaine dernière lorsque tu es rentrée du travail. J'admire ta façon de gérer ta vie professionnelle, ton rôle de mère, ainsi que celui d'être ma blonde. Tu ne penses pas qu'il serait temps que tu acceptes que l'on prenne soin de toi? Je sais que tu n'es pas habituée de recevoir, puisque tu es celle qui donne. Je ne vais pas arrêter de le faire parce que toi, tu as un problème avec ça. Apprends plutôt à l'accepter. » Que voulez-vous répondre à cela? « Tu as raison, merci d'être là », lui ai-je finalement dit. Aujourd'hui, je ne le fréquente plus, car la distance a eu raison de nous deux, mais j'ai le plus grand respect pour cet homme.

La raison de son passage dans ma vie est simple. Il est la preuve que le travail que j'avais fait sur moi me récompensait, puisque de beaux hommes comme lui entraient dans ma vie. Je pouvais maintenant avoir besoin qu'un homme soit sécurisant et prenne soin de moi, tout comme je prenais soin de lui. De plus, il m'a appris à relever des défis, comme celui de l'escalade.

Certaines d'entre vous se disent peut-être que j'ai de la chance d'avoir rencontré sur ma route des êtres aussi confrontants et sécurisants qu'eux dans ma vie. Vous avez raison, mais je suis aussi d'avis que, s'ils sont passés dans ma vie, c'est sûrement parce que j'étais prête à les accueillir. J'ai rencontré ces hommes à la suite de ma thérapie. Est-ce que je leur aurais parlé ou les aurais simplement regardés si, comme bonne deuxième, j'étais restée attirée par des lâcheurs? À mon avis, faire un travail sur soi nous aide à effectuer de meilleurs choix.

Nos fausses croyances nous guident vers ceux qui détiennent ,eux aussi, de fausses croyances.

NOUS CONNAÎTRE ET NOUS ESTIMER
NOUS AMÈNE À REMARQUER ET À ÊTRE ATTIRÉES
PAR DES PERSONNES QUI NOUS VEULENT DU BIEN.

L'alimentation : au lieu de vous priver, changez votre mentalité

• Le mécanisme de la poignée du réfrigérateur

MON émotivité me pousse encore, de temps à autre, à tenir la poignée de la porte du réfrigérateur. La différence avec le passé, c'est qu'aujourd'hui je comprends pourquoi je le fais. Lorsque je m'ennuie, j'ai de la peine, je suis en colère ou même quand je suis heureuse, j'ai à me parler en me posant la vraie question: *Est-ce que j'ai réellement faim ou est-ce que j'ai quelque chose à combler?*

Quand j'ai quelque chose à combler, je me dirige vers ma chambre et j'écris, ou j'appelle un ami. Le geste de la poignée du réfrigérateur est devenu moins fréquent, puisque je me le suis répété à de nombreuses reprises.

Heureusement, mon cerveau nécessite de moins en moins d'avertissements.

Mes habitudes et mon subconscient étaient programmés de sorte que l'alimentation était devenue mon réconfort, mon soutien et, par le fait même, mon pire ennemi. Avec les années, lors de mes nombreuses conversations avec les gens, j'ai pris conscience que certains symptômes de la poignée du réfrigérateur reviennent souvent.

> *Posez sur le réfrigérateur une affiche qui mentionne : EST-CE QUE J'AI FAIM OU EST-CE QUE JE M'ENNUIE ?*
>
> *Assurez-vous aussi de la changer de couleur de semaine en semaine afin de ne pas vous y habituer visuellement.*

Laissez-moi vous énumérer quelques croyances qui nous sont inculquées très jeunes et qui restent ancrées jusqu'au moment où nous décidons de les déprogrammer.

Symptôme 1

Vous est-il jamais arrivé de vous dire : « Ouf ! J'ai eu une grosse journée, alors pourquoi ne pas me louer un film, accompagné de bonnes grignotines ? » On s'imagine alors devant la télé, enroulée dans une douillette confortable, habillée de vieux vêtements. Un feu de foyer sera peut-être allumé. Comment y résister ? De plus, il nous arrive de dire aux enfants : « Si vous êtes sages aujourd'hui, vous aurez droit à une soirée cinéma. »

Vous vous dirigerez donc vers le dépanneur le plus près et achèterez des croustilles, du chocolat, des bonbons, sans oublier la bouteille de deux litres de boisson gazeuse. Soyez honnête, nous l'avons toutes déjà fait ! Cette mentalité est ancrée depuis très longtemps. Pensez seulement, par exemple, à ce qu'ils servent dans les cinémas !

Que se passe-t-il à l'intérieur de nous à la minute où nous nous disons : « Ouf ! J'ai passé une grosse journée... » ? Cette journée a été difficile, très chargée, remplie d'imprévus. Elle nous a parfois semblé interminable ou encore elle était une belle journée bien remplie. Le fait d'arriver chez soi est alors très apprécié, et tout ce que nous désirons, c'est de nous blottir confortablement à la maison.

LA NOURRITURE DEVIENT ICI
« UNE RÉCOMPENSE ».

Symptôme 2

Rappelez-vous lorsque vous étiez jeune et que vous aviez de la peine ou que, par malheur, vous étiez tombée et vous étiez blessée. Vous couriez voir vos parents ou vos grands-parents en pleurant. Vous étiez inconsolable. Demandez-vous maintenant combien de fois on vous a offert une glace, un gâteau ou autre pour vous consoler. Il ne s'agit pas ici de culpabiliser la personne qui vous a offert ces aliments, car tout ce qu'elle désirait, c'était de vous changer les idées. De plus, cette personne a certainement suivi l'exemple qu'elle-même a reçu. Demandez-vous maintenant combien de fois, à l'âge adulte, vous avez ouvert le réfrigérateur lorsque vous aviez de la peine, ressentiez de la peur ou tout autre sentiment inconfortable ?

LA NOURRITURE DEVIENT ICI
« UN RÉCONFORT ».

Symptôme 3

Le téléphone sonne ; vous êtes invitée chez vos parents. Votre mère vous dit qu'elle aimerait vraiment vous recevoir pour le souper. Elle aimerait tellement que vous acceptiez qu'elle mentionne vous avoir affectueusement concocté votre mets préféré : de la lasagne avec du pain à l'ail gratiné.

Vous en avez déjà l'eau à la bouche quand elle ajoute que, pour clore ce merveilleux repas, vous aurez droit à votre dessert préféré, soit une succulente mousse au chocolat comme celle que votre grand-mère vous préparait quand vous étiez jeune.

Je vous répète qu'il ne s'agit pas ici de culpabiliser cette personne qui vous offre ce repas avec amour et qui a mis beaucoup de temps à vous le préparer.

LA NOURRITURE DEVIENT ICI
« UNE MONNAIE D'ÉCHANGE ».

• De nos fausses croyances à de belles valeurs

Pour atteindre mon but, comme je vous l'expliquais, je me suis convaincue que j'en valais la peine, j'ai refait connaissance avec moi-même, j'ai travaillé ma confiance et mon estime de soi. Le résultat : je m'aime enfin !

Que diriez-vous à quelqu'un qui est proche de vous, qui désire prendre soin de lui en surveillant son alimentation et que vous aimez avec un grand A ? Lui offririez-vous d'aller au resto où il n'y a que des aliments gras ? Lui demanderiez-vous d'aller manger une glace après le souper ? Si vous l'invitiez à la maison, lui concocteriez-vous un mets hyper calorique ? Pourquoi ne feriez-vous pas une telle chose ?

PARCE QUE VOUS AIMEZ CETTE PERSONNE
ET QUE VOUS DÉSIREZ CE QU'IL Y A DE MIEUX
POUR ELLE. J'AGIS EXACTEMENT DE LA MÊME
FAÇON ENVERS MOI-MÊME MAINTENANT.

Refuser de manger des mets gras ou sucrés ne me demande aucun effort. C'est devenu, avec le temps, un mécanisme et un automatisme. Le prix à payer, par rapport au fait que j'ai travaillé fort, que j'aime pouvoir me trouver belle, magasiner dans tous les endroits que je veux, apprécier d'avoir plus d'énergie et être heureuse, serait trop élevé! Je me suis convaincue et j'ai enregistré l'information.

Pour arriver à ce résultat, il faut franchir toutes les étapes du livre. Je suis convaincue que vous êtes capable d'y arriver tout autant que moi.

Restez motivée !

MAINTENANT que vous avez entrepris et fait tout ce travail, il est d'une importance capitale de rester motivée et d'entretenir ce sentiment de confiance et d'estime de soi. Il vous arrivera d'avoir des périodes plus creuses où votre confiance ne sera pas au rendez-vous, mais dites-vous une chose : vous êtes maintenant armée jusqu'aux dents pour affronter ces périodes et ne laissez plus jamais le manque d'estime de soi prendre le dessus.

Assumez pleinement la personne que vous êtes devenue et vivez avec elle. Relisez souvent vos notes, respectez vos valeurs et les choix que vous avez faits pour y arriver. Ne laissez plus personne vous dire que vous en serez incapable. Dites merci à ceux qui ne croyaient pas en vous et souhaitez-leur d'être aussi heureux que vous un jour. Lorsque je disais que je désirais perdre 100 livres (45 kilos) comme perte de poids globale, bien des gens m'ont dit, pour me protéger, que je devrais prendre un objectif plus petit afin de ne pas être déçue. Mais moi, j'y croyais ! Comme résultat, j'en ai perdu encore plus, soit 150 livres (68 kilos), imaginez-vous !

Quelle est ma réaction aujourd'hui, selon vous, lorsqu'une personne essaie de me décourager ? Je n'écoute tout simplement pas, car je sais que c'est possible. Je suis consciente de mon potentiel et rien ne m'arrêtera, absolument rien!

Vous rencontrerez aussi des gens qui vous diront que les sacrifices sont trop difficiles, que la vie, ce n'est pas se priver, que votre but est irréalisable, que vous êtes égoïste lorsque vous prenez du temps pour vous. Quelle est ma réponse, d'après vous, quand on me fait cette remarque?

JE LES REMERCIE DE M'ACCUSER
DE PRENDRE DU TEMPS POUR MOI,
IL M'A FALLU UNE THÉRAPIE POUR Y ARRIVER.

J'ai souvent répété, dans cet ouvrage, qu'il était loin de moi l'idée d'accuser qui que ce soit. J'ai cité plutôt des faits afin que vous visualisiez certains personnages qui sont le plus souvent ressortis en exemple lors de mes nombreuses discussions.

Au stade où j'en étais dans ma vie, j'ai dû me choisir et exclure de ma vie certaines personnes que je fréquentais en leur offrant tous mes vœux de bonheur. Je ne vous souhaite pas d'avoir à vivre cela, mais je vous présente, au cas où, quelques exemples de gens qui peuvent atteindre votre motivation.

Bien sûr, ce ne sont que des personnages, mais dans mon cas, certaines personnes de mon entourage avaient ces caractéristiques, ce qui m'affectait beaucoup. La séparation s'est faite d'elle-même, puisqu'il est facile de se choisir lorsqu'on est motivé à rester motivé!

Monsieur *J'étais-le-seul-à-la-regarder*

- Monsieur *J'étais-le-seul-à-la-regarder* est fort probablement votre conjoint ou votre mari.
- Pour lui, le fait que vous ayez eu un surplus de poids et moins de confiance en vous était sécurisant.
- Voir des hommes vous regarder le dérange.
- Il pourrait même aller à vous inciter à manger.
- Il vous dira peut-être qu'il n'est pas nécessaire de faire tous ces efforts, puisqu'il vous aime autant qu'avant.
- Comme vous pensez plus souvent à vous maintenant, il se sent mis de côté.
- Il vous dit peut-être que vous changez, que vous devenez égoïste, que les enfants se sentent rejetés (c'est de lui qu'il parle, en fait).

* *

- *Il ne se sent pas à la hauteur.*
- *Il manque de confiance et d'estime de soi.*
- *Il a peur de vous perdre.*
- *Il est jaloux.*

Madame *Je-veux-toute-l'attention*

- Madame *Je-veux-toute-l'attention* était pour vous la meilleure des amies.
- Elle était présente et vous étiez toujours ensemble.
- Lors de votre démarche, elle vous encourage, mais elle est tiraillée entre la fierté et la jalousie.
- Elle sent qu'il lui est impossible de prendre sa place quand vous êtes là.
- Elle se sent diminuée.
- Elle a changé et vous n'arrivez pas à savoir pourquoi; il vous arrive même de vous questionner sur votre façon d'agir avec elle.
- Elle vous invite de moins en moins.
- À la suite de votre perte de poids et de votre confiance accrue, vous êtes plus accessible aux gens, mais elle désirait vous garder uniquement pour elle, tout en gardant l'attention des autres.
- Un jour, elle vous avoue que votre perte de poids est la pire des choses qui a pu lui arriver.

* *

- *Elle manque de confiance en elle.*
- *Elle manque d'estime de soi.*
- *Elle veut toute l'attention.*
- *Elle voudrait avoir la même volonté pour elle-même.*

Madame *C'était-moi-la-préférée-du-patron-avant*

- Madame *C'était-moi-la-préférée-du-patron-avant* est la collègue qui vous aimait bien lorsque vous étiez silencieuse.
- Elle était la préférée du patron, mais depuis que vous avez plus confiance en vous, il vient de vous découvrir.
- Elle tente de vous écraser chaque fois qu'il lui est possible et vous devez insister pour parler puisqu'elle vous coupe la parole.
- Elle ne vous complimente pas comme les autres le font.
- Elle est gentille avec vous seulement lorsqu'un supérieur est près de vous.

* *

- *Elle manque de confiance.*
- *Elle a peur de perdre sa place.*
- *Elle se valorise beaucoup.*
- *Elle peut être très vipère lorsque vous n'êtes pas à proximité.*

Laisser partir l'ancienne moi tout en l'exposant

CONTRADICTOIRE, me direz-vous ! Comme je vous l'ai mentionné plus tôt, j'ai suivi un cours en vente-conseil. En plus des connaissances acquises en vente, deux êtres m'ont fait un merveilleux présent. Parler de l'ancienne moi tout en laissant partir la peur d'y retourner et la honte de l'exposer. Je ne parlais jamais de ma perte de poids avec les gens du cours. La raison était bien simple : mes amis, pour la plupart, m'avaient connue avec mon surplus de poids, mais dans ce cours, personne ne m'avait connue comme j'étais avant. C'était ma façon à moi de recommencer avec ma nouvelle perception de la vie et de présenter la vraie Stéphanie, sans trace de l'ancienne.

Lorsque je m'exprimais au passé, je ne m'exprimais jamais au « JE », c'était toujours « CETTE FILLE » ou « ELLE ». Ma perception de moi-même et des choses avait tellement changé que j'avais toujours l'impression de parler d'une autre personne. Inconsciemment, je voulais effacer cette personne de ma mémoire, la nier.

Au même moment où j'ai commencé le cours, j'effectuais une transformation extrême au gym. Un de mes professeurs avait vu une annonce dans le journal avec ma photo. Même à lui, j'avais demandé de ne pas en parler, ce qu'il fit. Merci, Norman.

Lors d'une sortie de classe, j'étais assise avec un étudiant de mon cours, Michael, et nous discutions d'entraînement et d'alimentation. Comme il m'inspirait confiance, je lui ai parlé du surplus de poids que j'avais déjà eu, mais toujours en lui mentionnant de ne le dire à personne.

J'IMAGINE QUE JE RESSENTAIS DE LA HONTE.
AUJOURD'HUI, J'AI HONTE D'EN AVOIR RESSENTI.

Il était impressionné et voulait absolument que je lui apporte une photo, ce que j'ai fait. Je me suis même assurée d'être seule avec lui pour la lui montrer. Il n'en revenait pas et chaque fois que nous en avions l'occasion, nous parlions toujours d'alimentation et d'entraînement. Il m'encourageait et m'encourage encore beaucoup!

Quelques semaines plus tard, nous étions dans la cafétéria de l'école à l'heure du dîner et discutions de notre week-end. Dany, un autre compagnon de classe, nous raconte qu'il était sorti et que, pour une raison inconnue, il y avait beaucoup de grosses femmes à cet endroit. Un de ses amis a dit que c'était le festival de... (je ne vous dirai pas le terme qu'il a employé) et qu'il s'était amusé à danser près d'elles de façon cocasse.

Connaissant mon passé, Michael s'est tout de suite tourné vers moi, se demandant comment j'allais réagir. J'ai simplement regardé Dany en lui disant: « C'est parce qu'elles étaient grosses que tu les appelais ainsi? » Je me suis levée, prétextant aller à l'extérieur.

S'il nous racontait ce fait, c'est qu'il partageait sûrement le point de vue de son ami. J'étais blessée et je ne me disais plus qu'une chose: « Si je les avais croisés quatre ans plus tôt, auraient-ils ri de moi? » J'avais été cette fille de qui on riait et j'étais frustrée aussi pour celles de qui ils avaient ri. Auraient-ils été mes amis à ce moment? Encore aujourd'hui, je suis surprise de l'impact qu'a eu ce commentaire sur moi. Je suis cependant convaincue d'une chose: j'ai eu très mal.

Comprenant tout de suite que je n'allais pas, Dany a demandé à Michael ce que j'avais. Ils se sont mis à me chercher dans l'école. Lorsqu'ils m'ont trouvée dehors, Dany m'a demandé ce qui n'allait pas et mon premier réflexe fut de regarder Michael en lui disant: « Tu lui as dit? »

De son être rempli de bonté, il m'a répondu: « Non, et c'est toi qui vas le lui dire. Je ne sais pas pourquoi tu es gênée, tu devrais en être fière! »

Cette phrase toute simple, à ce moment-là, a eu un impact incroyable! J'ai donc tout expliqué, en ajoutant ce qui m'avait alors traversé l'esprit. J'ai compris qu'il ne partageait pas le point de vue de son ami. Il s'est excusé à maintes reprises, me disant aussi que je devrais parler de mon histoire et en être fière. J'espère simplement qu'il en a tiré une leçon. Lorsque nous prononçons certaines paroles, nous ne savons jamais quel est le passé des gens qui nous entourent.

Sans trop savoir pourquoi, j'étais très inconfortable et gênée cet après-midi-là, puisque maintenant ils étaient deux à connaître mon passé. Je n'ai pas cessé de me répéter la phrase de Michael afin de me sentir mieux, et j'imagine que mon cerveau l'a enfin enregistrée. C'est à partir de ce moment que j'en ai parlé plus aisément aux gens qui ne le savaient pas. Il est difficile d'expliquer pourquoi cette parole m'a fait réaliser que je ne devais ressentir aucune honte, bien au contraire! Je crois fermement que c'est grâce à cette même parole que je vous écris ce livre aujourd'hui et que je suis capable d'en parler aussi ouvertement.

Maintenant que j'avais compris que je devais accepter celle que j'avais été dans le passé, j'ai aussi compris qu'elle ne reviendrait plus.

Un soir, j'ai reçu des amis à la maison, et Dany, ce même compagnon de classe, faisait partie des invités. Après le départ des autres, nous discutions de sujets et d'autres lorsque la situation de l'école refit surface. La phrase que Mike m'avait dite avait tellement eu d'impact que j'en parlais maintenant avec aisance, lui montrant même sans aucune gêne la photo de moi à cette époque. Lui non plus n'en croyait pas ses yeux. Je lui ai expliqué que j'avais encore du mal à accepter celle que j'avais été, à comprendre pourquoi j'avais accepté d'être dans ce corps si longtemps. Que j'avais hâte de réaliser enfin que cela était derrière moi, et que bien des choses me touchaient encore lorsqu'une personne en parlait. Dany a habituellement une voix qui ne porte pas beaucoup, mais cette fois-là, je ne sais trop pour quelle raison, elle a monté de quelques octaves. Il m'a tout simplement dit: « Jette ces photos, laisse partir cette fille-là, elle n'existe plus. Je te vois aller avec ta détermination, ton alimentation. Tu as du caractère et je crois en toi. Je suis convaincu qu'elle ne reviendra jamais, cette fille-là, j'en suis certain. »

Jusqu'à maintenant, les gens m'avaient souvent dit qu'ils étaient fiers de moi, que les résultats étaient incroyables, mais jamais personne ne m'avait dit qu'« elle » ne reviendrait jamais, puisque, lui, il y croyait. Là encore, je ne sais trop pourquoi, mais après cette conversation, le « elle » a disparu et le « je » a repris toute la place. J'assume celle que j'ai été et celle que je suis devenue. J'en parle avec le sourire et avec toute ma confiance. Je suis fière et passionnée par le sujet. La preuve est que je vous l'écris et que j'en ai fait une carrière.

Si on regarde la situation dans l'ensemble, n'est-il pas vrai que tout cela découle du fait qu'aujourd'hui j'ai acquis assez de confiance pour exprimer tous mes sentiments, comme je vous l'expliquais plus haut? Imaginez que je n'aie rien dit à l'école sur ce qui m'avait fait mal, que je me sois dirigée à l'extérieur et que j'aie répondu que tout allait bien, comme j'avais l'habitude de le faire avant. Le simple fait d'être en première place m'a permis d'exprimer mes sentiments sans défendre personne d'autre que moi; de comprendre, grâce à Mike, que je n'avais pas à cacher ma perte de poids et que je devais en être fière; de comprendre, grâce à Dany que je devais accepter que c'était vraiment du passé; et que, grâce à ces deux compréhensions, un déclic s'est produit, me donnant la force d'écrire un livre et de faire des conférences.

EN PRENANT LA PREMIÈRE PLACE,
J'AI CHANGÉ LE COURS DE MON HISTOIRE.

Au risque de me répéter, lorsqu'une personne nous dit quelque chose et que ses mots nous reviennent sans cesse à l'esprit, je suis persuadée que la raison en est bien simple. Nous sommes prêtes à les entendre, il ne manquait que ce déclic pour percevoir les choses sous une nouvelle forme. Sans savoir pourquoi, nous avons simplement le sentiment d'avoir grandi. Je vous ai confié dans ce livre les sentiments les plus présents qui m'ont habitée, mes fausses croyances, mes mécanismes, ma nouvelle perception de moi-même et, par le fait même, de la vie. Je vous ai fait part de mes blessures ainsi que de mes belles cicatrices qui m'ont permis un tel apprentissage. N'allez pas croire que puiser au fond de soi comme je l'ai fait est facile, mais ô combien libérateur!

J'ai versé bien des larmes, j'ai écrit bien des pages, je me suis souvenue de faits que j'avais préféré oublier. Au cours de ma thérapie, chaque fois que je sortais de chez la psychothérapeute, je me sentais de mieux en mieux, de plus en plus libre.

Notre corps absorbe physiquement des souffrances dont il n'a pas besoin. Je me rappellerai toujours la fois où j'ai vraiment évacué tous les sentiments qui m'habitaient concernant l'infidélité de mon conjoint. Lorsque ce fut terminé, tous mes muscles me faisaient mal et ma fatigue était intense. Je ressentais cependant une légèreté intérieure que j'ai encore du mal à m'expliquer. De nombreuses fois, vous allez vous dire que ce serait plus simple d'abandonner, que c'est trop difficile. NE LE FAITES SURTOUT PAS !

Je peux vous confier aujourd'hui que la première année de toutes ces découvertes à propos de moi-même fut, je le croyais à l'époque, la pire, mais en fait, elle fut la meilleure.

J'étais, par le passé, une personne qui abandonnait souvent ce qu'elle commençait, mais lorsqu'on perd 150 livres (68 kilos), que peut-il y avoir d'impossible après? Absolument RIEN!

Après cette démarche, j'ai obtenu le pouvoir de tout faire. Ma perte de poids, à mes yeux, n'est pas seulement une perte de poids. C'est un accomplissement, la preuve que je suis capable de tout faire si j'y mets les efforts nécessaires.

MES BUTS SONT AUJOURD'HUI UNE RÉALITÉ.
À PREUVE, VOUS ÊTES LÀ, LISANT MON LIVRE.

Célébrez vos victoires !

• La mode : une passion et ma façon d'évaluer mes victoires…

POUR certains, la mode ne peut être une valeur. Pour eux, c'est superficiel. À mon avis, se sentir belle, bien dans sa peau, porter des couleurs vives, avoir une belle silhouette, se sentir en confiance et séduisante a tout d'une valeur. Ma façon de m'habiller est intimement liée à la façon dont je me sens à l'intérieur.

JE NE VEUX PAS PLAIRE À TOUT PRIX,
JE VEUX ME PLAIRE À TOUT PRIX
ET ME SENTIR BIEN DANS MA PEAU.

Un jour, j'en ai d'ailleurs eu la preuve. Je suivais un cours de vente-conseil. Comme vous le savez, les vendeurs sont naturellement d'excellents communicateurs et personne ne se faisait prier pour effectuer une présentation devant la classe.

Nous avons décidé d'organiser une journée « quétaine », pour le plaisir. Nous devions nous vêtir des vêtements les plus laids, démodés et de mauvais goût que nous avions.

Le professeur, cette journée-là, nous demanda de faire un exposé oral dont le sujet était : apprendre à se vendre soi-même. Nous devions donc mentionner nos forces et parler de notre expérience sur le marché du travail en énumérant les projets dont nous étions fiers. Imaginez-moi un instant avec les cheveux comme dans les années 80, avec un maquillage lourd et les paupières en bleu, des joggings, des bas blancs et des talons hauts, le tout couronné d'un manteau de cuir de moto. Finalement, rien pour épater la galerie.

Il me semblait que je n'avais aucune cohérence habillée ainsi. C'est à ce moment que j'ai compris que, lorsqu'on se sent belle et en confiance, il est facile de refléter notre bien-être et, mieux encore, de le communiquer aux autres.

Il m'est maintenant facile de me vendre, je suis très consciente de mes forces et il y a beaucoup de projets dont je suis fière. Mais avec cette allure, ce fut tellement difficile !

ÊTRE MINCE DANS SA TÊTE ;
LAISSEZ VOS PROCHES VOUS METTRE AU DÉFI.

Il y a de cela quelques années, ma garde-robe ne comportait que des vêtements de base comme des leggings, des blouses longues, des pantalons à taille élastique, des t-shirts à manches courtes, des sous-vêtements beiges avec soutien ferme. Ma couleur préférée à l'époque? Évidemment LE NOIR. Pourquoi? Je suis certaine que vous l'aurez deviné... pour son effet amincissant!

La mode n'avait sur moi aucun effet; en fait, le seul effet possible était la tristesse. Je magasinais et je revenais toujours le cœur gros, car jamais un vêtement ne m'allait. Aujourd'hui, les boutiques de vêtements pour tailles fortes ont beaucoup innové, mais il y a 10 ou 15 ans, je dois vous avouer qu'il était impossible d'appeler cela des vêtements à la mode.

Je portais donc toujours la même chose, des leggings et des chandails longs. Je regardais les revues de mode et je me laissais aller à la rêverie. Porter une jupe qui m'allait bien, des talons hauts plus de 15 minutes, des couleurs éclatantes et vives, une robe, c'était mon rêve. Mais ce ne serait jamais possible!

Eh bien, devinez ce qu'il m'arrive de porter? Des vêtements roses, des jupes, des robes, et je magasine en talons hauts. Le meilleur, c'est que j'adore maintenant les magasins de lingerie!

Terminé le beige et vive les sous-vêtements de couleur avec de la dentelle! Mon tiroir de lingerie me prie même à certains moments d'arrêter, puisqu'il n'arrive plus à respirer.

Il y a quelques années, c'était la mode des jeans colorés et moulants, avec des motifs brodés ainsi que des chandails d'intérieur aux couleurs vives. J'enviais toutes celles qui portaient des camisoles et qui mettaient leurs chandails à l'intérieur de leurs pantalons. Je me souviendrai toujours de ce que, moi, je considère ma première victoire.

Presque un an après avoir entrepris ma perte de poids, j'étais chez ma jeune sœur et je sortais de la douche. Sur la laveuse, il y avait son jeans que je trouvais tellement joli; elle l'avait d'ailleurs elle-même brodé. J'ai eu envie de l'essayer, mais je ne me suis dit qu'une chose : « Tu as beaucoup maigri, oui, mais s'il ne te fait pas, tu seras davantage déçue. » Je ne m'étais pas pesée depuis un bon moment, je ne connaissais donc pas le nombre de livres (kilos) perdues. J'ai rassemblé tout mon courage et j'ai fait le grand saut. Devinez quoi? Je pouvais les attacher, je pouvais même respirer et me pencher. Je suis sortie de la salle de bains, les yeux pleins d'eau et j'ai annoncé la nouvelle à ma sœur.

Elle m'a demandé de me peser immédiatement et, à ma grande surprise, j'avais perdu en tout 80 livres (36 kilos). J'ai énormément pleuré, de joie évidemment. Dans ma tête, il était impossible que j'aie perdu autant de poids, puisque je ne me sentais pas nécessairement plus petite. Évidemment, j'avais changé ma garde-robe depuis, mais je portais toujours mes jeans de base « stretch » ou mes pantalons sport.

Ma sœur m'a alors demandé de m'habiller sur-le-champ et m'a emmenée faire les boutiques. Comme elle me connaissait par cœur, elle a choisi une boutique de vêtements en denim. Les murs étaient décorés de jeans moulants et, surtout, avec pleins de jolis motifs, puisque c'était la grande mode du moment.

Je me rappelle lui avoir dit que je ne voulais pas y aller car rien ne me ferait...

En voyant son regard, j'ai eu intérêt à entrer! Juste pour bien vous situer, je portais sur moi des jeans 18 ans. Ma sœur a donc choisi deux articles et me les a remis. Quand j'ai vu ce qu'elle m'avait apporté, je l'ai immédiatement traitée de folle. Intérieurement, je me disais que ce beau moment de mes

80 premières livres était trop parfait et que, si je n'entrais pas dans ces vêtements, ce serait une cruelle déception. De plus, vous auriez dû voir la camisole qu'elle me présentait! Une camisole noire s'attachant au cou! Moi qui n'avais porté à ce jour que des t-shirts à manches courtes extra larges et des pantalons trop grands.

Quand je suis sortie de la cabine d'essayage et que je me suis regardée dans le miroir, je n'ai été capable que d'une seule chose: pleurer. Ma sœur pleurait aussi, et quand la vendeuse a compris la situation, elle a eu la larme à l'œil. J'étais vêtue d'un jeans 16 ans et d'une camisole. Une année plus tôt, je portais la taille 26 et j'avais maintenant sur le dos un 16 ans! J'avais les épaules nues et, en plus, c'était joli!

Le soir même, nous organisions un souper pour l'anniversaire de ma sœur. Nous avions invité des amies qu'elle n'avait pas vues depuis longtemps et ces jeunes femmes étaient toutes très importantes pour moi. Lorsqu'elles sont arrivées, elles ont eu un choc en me voyant, même que l'une d'entre elles, « ma p'tite So », m'a tellement fait rire. Elle m'a regardée d'un air bizarre, jusqu'au moment où elle m'a dit: « Je te parle mais on dirait que ce n'est pas toi. Tu es belle, mais je ne te reconnais pas, je n'aime pas ça. » Sonia est une personne qui n'a absolument aucune méchanceté, la seule chose qu'elle tentait de me dire, c'était que j'étais différente, ce qui, pour moi, était extrêmement positif. Nous sommes par la suite sorties dans un club.

Arrivées là-bas, je ne me disais qu'une chose: « Super! Je suis dans un club, les épaules nues, je danse, je prends un verre et j'ai du plaisir! »

Vous ne devinerez jamais ce qui s'est produit à un certain moment... Je me dirigeais vers les toilettes, lorsque j'ai reçu une claque avec un grand C sur le derrière. Je me suis alors retournée avec un air de tigresse (ce qui était bon signe, car la situation ne concernait que moi!) et ma main attendait juste le signal de mon cerveau pour frapper l'autre au visage. Quand il vit mon expression, l'homme me dit alors: « Magalie Moranville, fâche-toi pas comme ça, c'est moi, ton pote de l'école! » Je n'en revenais tout simplement pas: Magalie Moranville, ma petite sœur! Je lui ai donc précisé que j'étais la grande sœur de Maggy, et je l'ai remercié, bien qu'il ne sût pas ce qu'il venait de faire, que c'était l'un des plus beaux compliments reçus de toute ma vie. Je lui ai fait une grosse accolade et je suis partie.

La vraie Magalie est ensuite allée le voir et ils ont pu discuter de la situation, puis il m'a félicitée à plusieurs reprises au cours de la soirée.

Comme vous pouvez le constater, cette journée où j'ai célébré mes 80 premières livres perdues a été vraiment riche en émotions et je vous en souhaite tout autant.

Vous aussi, fêtez vos victoires de la sorte; assurez-vous d'être en compagnie de quelqu'un qui sait vous mettre au défi.

Sans ma sœur Maggy, j'aurais probablement continué de porter des vêtements trop grands et je n'aurais pas réellement eu conscience de ma perte de poids.

Je remercie la vie que cette journée des 80 livres perdues se soit passée de la sorte, puisqu'en plus d'avoir fait du shopping, j'ai revu des personnes qui m'ont fait réaliser que j'avais vraiment changé. Je suis même sortie en portant une camisole. INCROYABLE!

C'est pourquoi les vêtements sont pour moi une valeur, puisqu'ils complètent le travail du pèse-personne. La grandeur de mes vêtements me fait prendre conscience de mes victoires et les concrétise.

Il m'arrive souvent d'acheter un vêtement trop juste et de me donner comme objectif de le porter. Mes amies de filles, que j'appelle affectueusement « les copines », savent que j'ai réussi lorsque je les appelle en criant, ou lorsqu'elles arrivent à la maison et que je les accueille en leur faisant un défilé de mode. C'est ma façon à moi de me féliciter!

• Ma dernière victoire

Ma dernière victoire côté vêtements : un haut grandeur petite. Je suis certaine que mon ami, Patrick, doit lire ces lignes en souriant d'une oreille à l'autre, puisque c'est dans l'une des siennes que j'ai crié lorsque c'est arrivé. Je contemplais un haut depuis quelques jours, chaque fois que je passais devant la vitrine du magasin.

Comme j'avais un souper ce soir-là, j'ai donc décidé d'aller l'essayer. J'ai commencé par prendre un extra large (mauvais réflexe que je dois travailler), j'ai ensuite demandé un large lorsque mon ami, Patrick, m'a téléphoné. Je lui ai donc parlé au téléphone dans la cabine d'essayage. J'ai ensuite demandé la taille moyenne, je l'ai essayé, et je lui ai mentionné que c'était incroyable! Avec quelle taille je suis finalement sortie? UN PETIT! J'ai tout de suite rappelé Pat en lui hurlant dans les oreilles la grandeur que j'avais finalement achetée.

Il m'a gentiment félicitée, comme il le fait toujours! Comme il organisait un souper pour la fête de sa conjointe ce soir-là, laissez-moi vous dire que j'ai fièrement porté mon haut.

Alors si, pour certains, la mode n'est pas une valeur, pour moi elle l'est, puisqu'elle souligne la plupart de mes victoires et me lance des défis, en plus de me faire sentir belle!

L'intensité nocive

Vous arrive-t-il de marcher dans la rue en souriant, ou encore de regarder votre vie et d'en être satisfaite ? Satisfaite des douleurs et des épreuves qui vous ont donné de l'expérience. Heureuse d'avoir commis des erreurs qui vous ont permis d'évoluer, pour ainsi combattre des mécanismes de défense qui vous autosabotaient et qui faisaient également souffrir ceux qui vous sont chers. Vous arrive-t-il au beau milieu d'une action de vous arrêter en savourant le moment ?

Aujourd'hui, j'apprécie mes promenades au bord de l'eau, mes moments de lecture, les sourires de mes fils, les caresses de mes nièces, le « bonjour » de quelqu'un dans la rue, une balade avec mes chiens, et j'en passe. Tout, pour moi, signifie source de bonheur. Je goûte la moindre seconde et savoure mon présent. Lorsque je suis au beau milieu d'une conversation, cette personne et ce lieu sont les seuls qui existent. Je me surprends fréquemment à me dire que je suis heureuse, qu'il est bon de vivre et que j'ai de la chance de le réaliser. Que l'Univers me fait don d'une multitude de moments heureux, desquels je profite au maximum.

J'habite maintenant au bord de l'eau, dans la municipalité d'Oka, et jamais je ne me lasse de regarder et d'entendre les vagues qui claquent sur la rive. C'est ici que j'ai trouvé la paix intérieure et ma direction. C'est ainsi que je suis parvenue à apprécier tous les plaisirs simples de la vie.

J'ai de la chance de les vivre et de les reconnaître, me direz-vous ? Je vous répondrai alors que la chance n'a rien à voir. Savourer les plaisirs simples est pour moi une attitude acquise lors de ma dépression.

• Lentement mais sûrement

La dépression, c'est une période creuse qui semble ne jamais se terminer. Qui nous rend vulnérables et blessés par toutes les paroles et les actes. Une période pendant laquelle j'ai blessé ceux qui me voulaient du bien et pris soin de ceux qui ne savaient pas me rendre l'amour que je leur portais. Pourtant, cette période m'a été essentielle, une période que j'appelle « ma remise à niveau émotionnelle ».

À la suite de mon gain de confiance et d'estime de soi, ainsi que de ma perte de poids, j'avais l'impression d'avoir hiberné une vingtaine d'années. Que toutes les portes s'ouvraient enfin devant moi et plus rien ne pouvait m'arrêter. J'avais enfin trouvé ma voie comme conférencière. Moi qui, quelques années auparavant, imaginais que ce métier n'appartenait qu'aux gens qui valaient immensément plus que moi, je devenais maintenant celle avec qui on voulait être, celle qu'on appelait pour passer une soirée folle en boîte de nuit et non pour garder les enfants.

Je devenais pour certaines un modèle à suivre, une inspiration, et on me présentait avec fierté. J'arrivais quelque part et certains hommes se retournaient, je parlais et les gens écoutaient avec une grande attention. Je me sentais enfin quelqu'un, une personne qui s'impose pour elle-même, qui n'a plus peur d'émettre son opinion même si la terre entière pense le contraire. J'ai donc décidé de m'investir « à fond la caisse » dans la vie et de me donner à 100% DANS TOUT !

Il me fallait bien rattraper le temps perdu. À la suite d'une session d'orientation, je me dirigeai vers un cours de vente. Je me sentais vivre cette étape de la scolarité qui m'avait tant manqué, j'avais le respect de tous. J'étais l'une des plus vieilles de la classe et ces gens sont devenus d'une grande importance pour moi. Ils m'ont tellement appris, je les aimais de tout mon cœur. Ils m'ont d'ailleurs surnommée « MOM », c'est un signe !

J'y ai rencontré certaines personnes que je n'oublierai jamais, leur nom est tatoué sur mon cœur, puisqu'ils ont partagé avec moi mon éveil !

J'ai alors donné mon maximum dans les études, le travail, et ce, avec une situation financière des plus précaires. Mon focus était rivé sur ma carrière et rien ne pouvait m'en détourner.

Ce cours me dirigea vers la conférence. Quelle révélation ! J'ai accéléré le pas comme jamais. Pourquoi ne pas écrire un livre pendant les vacances d'été de mon cours de vente, tout en démarrant une entreprise – tout ça en n'oubliant pas d'être une mère active en plus d'une femme accomplie et entourée comme jamais.

Des hommes qui, par le passé, étaient pour moi sujets de rêverie aujourd'hui me convoitaient ! J'allais enfin à la plage et on m'y invitait ! J'organisais des sorties et je fréquentais un homme beau de corps et d'esprit. Les invitations arrivaient de partout ! Être avec Stéphanie devenait une soirée de plaisir assuré ! J'étais invincible, confiante, et ma vulnérabilité ce deuxième place que j'avais si bien entretenue était enfin disparue. Je savais parfaitement où j'allais et avec qui je le désirais.

Après avoir reçu mon diplôme, j'ai tenté plusieurs emplois jusqu'au jour où... j'ai obtenu un poste dans un gym ! Le gym devenait pour moi l'accomplissement pur et simple. Je me rappellerai toujours lorsque j'ai obtenu mon emploi au gym, j'ai pleuré de joie jusqu'à manquer de respirer. La première fois que j'ai revêtu mon vêtement a été pour moi l'apothéose totale. Je ne compte plus les fois où j'avais regardé les entraîneurs des gyms où j'allais et j'admirais leurs convictions pour la bonne forme physique, tout comme lorsque je regardais Christine, professeure d'éducation physique. Je me rendais au travail avec un sourire plus qu'éclatant et lorsque j'ouvrais le centre je regardais partout en me disant : « Bravo, tu as réussi. » J'y travaillais avec tout mon cœur ; pour les femmes en perte de poids, je faisais preuve d'une motivation extraordinaire. Chaque fois que j'entendais une femme être mal dans sa peau à cause de son poids, c'était comme un coup de poignard dans ma poitrine. Également, lorsqu'une femme était démotivée, j'avais l'impression d'avoir échoué. Je me souviens d'avoir dit à Catherine, une adorable monitrice du centre : « Je vais mourir un jour si je continue à travailler ici », et ce, parce qu'une femme ne pouvait plus s'entraîner due à sa condition de santé et qu'elle souffrait d'obésité. Elle avait enfin trouvé la motivation nécessaire, mais son corps ne lui permettait pas de continuer. La projection que je faisais chez la clientèle m'était néfaste et me demandait beaucoup d'énergie ; à l'époque, je l'ignorais !

Je travaillais donc au gym, tout cela en synergie avec le démarrage de mon entreprise. J'avais des offres pour le livre, pour la conférence. Les gens croyaient en moi ; comment faire autrement, j'incarnais la confiance et la force de réaliser tous mes rêves ! Je suivais tous les cours qui s'offraient à moi, même si je ne pouvais pas me les payer. Je n'avais qu'à travailler plus fort, trouver un autre emploi. Je devais absolument les suivre ! Sans oublier la lecture de tous les articles sur la condition physique, et ce, avec l'entraînement, évidemment !

Ma situation financière ne s'améliorait guère, puisque j'avais accumulé du retard et ma concentration se faisait de moins en moins présente. J'insécurisais de plus en plus mes enfants de par mon absence, mon manque de patience et mes problèmes financiers, qu'ils n'avaient, jusqu'à ce moment, jamais subis. Mes horaires et les conditions de travail au gym étaient excellents, mais il me fallait également démarrer l'entreprise. Il m'arrivait fréquemment de me coucher aux petites heures et me lever quelques heures plus tard pour ensuite retourner au gym. J'ai mentionné à plusieurs reprises que je ne me sentais plus aussi énergique et que ma concentration était confuse. La réponse que j'obtenais, la plupart du temps, se résumait à un encouragement qui me poussait à continuer, à ne pas lâcher. Je me disais que je manquais d'énergie à cause du manque d'exercice. J'ai donc pris la décision d'augmenter mes sessions d'entraînement et d'améliorer encore mon alimentation.

J'avais conscience qu'il m'était plus difficile de garder le cap, cependant je ne me serais en aucun cas avouée vulnérable et laissée crouler sous la pression. Mes rêves et mes envies étaient emprisonnés en moi depuis des années et maintenant que j'avais le pouvoir de les accomplir, je n'allais certainement pas baisser les bras ! Je m'imposais tellement de travail que ma vie sociale était devenue inexistante. Je ne voyais ma famille que très rarement et mes amis(es) m'arrachaient de l'ordinateur uniquement lorsqu'ils débarquaient chez moi sans s'annoncer.

Un soir, à la suite de l'invitation insistante d'une amie, j'ai décidé de sortir de mon terrier et de me joindre à eux. J'ai été séduite par l'un d'eux. Il était très proche d'une des personnes présentes, alors j'acceptai qu'il me raccompagne chez moi. Lors de notre discussion, il se fait insistant, et ce, de plus en plus. Pour des raisons légales, je ne peux décrire la situation ; aucun viol n'a été commis, mais ses paroles m'ont fait plus mal que tout le reste... : « Avec le corps dégueulasse que tu as, tu aurais dû te laisser faire ; cela aurait sûrement été la dernière fois. » Lorsqu'il a enfin quitté, je suis restée quelques heures sans bouger, me répétant sans cesse les paroles qu'il avait prononcées. J'ai fixé le même point pendant des heures, sans pleurer, le téléphone à la main, voulant appeler un ami. Je n'y suis jamais arrivée. Le soleil m'a alors annoncé le matin ; je me sentais dans un autre monde, comme un robot. Je me suis rendue au travail, sans émotion et l'humeur grise. J'ai terminé la journée et, en arrivant à la maison, j'ai fondu en larmes et pris les démarches nécessaires. J'avais l'impression d'avoir fait tout cela pour rien ; à quoi bon avoir perdu tout ce poids, je suis encore dégueulasse !

Une semaine plus tard, je n'avais plus mal, je n'avais plus peur, j'étais enragée, et je souhaitais que la vie mette cet homme à nouveau sur mon chemin pour, à mon tour, anéantir sa confiance en lui et, par-dessus tout, lui dire que j'avais trop travaillé sur moi pour lui donner raison. J'avais maintenant les outils et j'allais m'en servir. Je continuai encore quelques mois le même train de vie bourré de travail, mais avec de moins en moins de capacité. Je me comprenais rarement, et les moments où je riais se faisaient de plus en plus rares. Tout se bousculait dans mes pensées et, de plus en plus, je me sentais persécutée, j'avais l'impression que tout le monde était déçu de moi.

Lorsque les gens me posaient plus d'une question, mon cœur battait la chamade et une agressivité montait en moi. Je n'arrivais plus à lire, trop de pensées m'envahissaient, trop de tâches étaient à faire. Je percevais la moindre responsabilité comme une montagne insurmontable. Mon entreprise était sur le point de démarrer et je devais livrer la marchandise.

Puis un matin, alors que j'étais sur le point de quitter pour le gym, tout mon intérieur s'est mis à trembler en ouvrant la porte et, deux secondes plus tard, je me suis retrouvée sur le plancher, inconsciente. Toujours dans le déni, j'ai cru être victime de basse pression, puisqu'il m'arrivait d'avoir des faiblesses lors de mes entraînements. Je suis donc restée à la maison et j'ai dormi une bonne partie de la journée. Le lendemain, tout allait bien lorsque, une fois de plus, je me suis retrouvée inconsciente au moment où j'allais quitter pour le gym. Je n'y comprenais plus rien, j'ai donc pris une seconde journée de repos. Celle-ci fut cependant très différente ; mon intérieur tremblait encore plus intensément que la première fois, mon cœur semblait vouloir sortir de ma poitrine, et ce, trois jours de suite et plusieurs fois au cours de la journée. J'ai donc obtenu une semaine de repos.

En soirée, lors de ma quatrième journée de repos, j'ai décidé d'aller prendre l'air, juste quelques minutes, en allant au magasin du coin. Mes pas étaient très lents et, intérieurement, je me sentais d'une humeur tellement morne et hantée par des pensées qui survenaient sans cesse, toutes plus tordues les unes que les autres. Arrivée presque au coin de l'intersection, je n'ai eu qu'une pensée, marcher au centre de la rue et espérer qu'une voiture me frappe pour qu'enfin ce mal-être prenne fin Heureusement, ce ne fut pas le cas. J'ai acheté ce dont j'avais besoin et c'est en rentrant à la maison que j'ai compris ce qui venait de se passer : j'avais voulu mourir ! Comment ai-je pu souhaiter une telle chose ? J'ai deux merveilleux enfants ! Ce fut la première idée qui m'est venue en tête. Quand j'ai réalisé tout cela, j'ai pleuré si fort, j'étais inconsolable; heureusement, les enfants n'y étaient pas.

Le lendemain, je croyais aller mieux, mais subitement une crise de larmes, sans aucun avertissement, que des pensées négatives mêlées d'un mal-être et d'une panique incroyable. Puis, une heure plus tard, je ne comprenais aucunement ce qui venait de se produire en moi. Les enfants étaient chez leur grand-mère et je n'avais aucune envie de les voir et de leur parler, ce qui, dans mes moments de lucidité, me faisait souffrir. On m'a expliqué plus tard que c'était pour les protéger ; j'ai cependant longtemps ressenti de la culpabilité. Jamais je n'avais ressenti cela. Lorsque les enfants me posaient des questions, ma seule réponse devenait : « Lâchez-moi ! »

Je n'en pouvais plus, je tombais de plus en plus, rien ne laissait voir un mal quelconque au niveau de ma santé. Les crises de panique et mon cœur qui battait la chamade se faisaient sentir presque toutes les heures. Des pensées sur le comment mourir me venaient à tout moment. En regardant au mur du salon et en voyant la photo de mes enfants, je me suis dit qu'ils seraient bien mieux sans moi. Un moment de lucidité plus tard, j'ai téléphoné à l'une de mes sœurs et une autre arriva dans la demi-heure qui suivait. Dans le même après-midi, j'avais été vue par le CLSC, on me déclara en dépression profonde et, quelques heures plus tard, à la clinique, on me prescrivait des antidépresseurs. Je ne pouvais plus travailler, ni sur mon entreprise ni au gym, et j'avais du mal à l'admettre. Mes sœurs et une amie ont été d'une aide des plus précieuses par leur présence. Sans elles, j'aurais difficilement surmonté l'épreuve. Pour l'espace de deux semaines entières, elles m'ont offert le plus beau cadeau que l'on peut offrir, c'est-à-dire me retirer toutes les responsabilités pour ainsi me donner la possibilité de me reposer.

Lorsque les crises survenaient, j'avais l'impression que mon battement de cœur resterait toujours aussi lourd et que jamais je ne rirais de nouveau. J'ai dû expliquer la situation aux enfants qui, pauvres eux, n'y comprenaient rien. Nous avons retissé les liens et discuté longuement jusqu'à ce que mes réponses comblent leurs questionnements. J'ai obtenu un support sans faille en thérapie et j'ai suivi toutes les recommandations à la lettre. Peu à peu, mes moments de rires revenaient. Je suivais tous les conseils que l'on me donnait, soit trente minutes de marche au soleil et d'exercice par jour, un horaire de coucher et de lever régulier. Des siestes qui ne dépassent pas vingt minutes ainsi qu'une bonne alimentation, en plus de la thérapie. Je n'avais qu'une chose en tête... REDEVENIR CELLE QUE J'ÉTAIS !

C'est d'ailleurs en thérapie que j'ai compris que le travail accompli au niveau de la confiance et de l'estime de soi était celui qu'il me fallait. Cependant, redevenir celle que j'étais aurait été une erreur monumentale, puisque mes comportements excessifs m'avaient menée directement à la dépression. Malgré tout, il me manquait deux éléments vitaux pour que mon bien-être se poursuive... soit LES PLAISIRS SIMPLES et LA RÉSILIENCE. Mots que je n'oublierai jamais. J'ai donc intégré la résilience et j'ai mis de côté tout ce qui pesait trop lourd. On m'a aidée à comprendre que le gym représentait trop d'énergie à cause de la projection que j'y faisais ; que, dû à la dépression et à la lourdeur des tâches en démarrage d'une entreprise, il me serait difficile de garder cette entreprise sur les rails. De plus, au niveau relationnel, je repoussais les gens. J'ai donc mis fin à ce projet d'entreprise.

Deux mois plus tard, je me croyais remise sur pied. J'avais suivi tous les conseils à la lettre et je me sentais bien, mais... j'avais seulement intégré la résilience. Qu'en était-il des plaisirs simples ?

Les quelques mois qui ont suivi, je vivais dans l'illusion d'être rétablie ; cependant je courais toujours comme une poule sans tête. Ma vie était complètement sens dessus dessous. Je semblais être la seule qui ignorait à quel point. Ce fut la période la plus négative de ma vie, je me suis complètement fermée du monde entier. J'ai fait des mauvais choix, des mauvaises planifications, je me suis entourée de gens qui représentaient ce que je dégageais, c'est-à-dire le négatif. Jusqu'au jour où j'ai réalisé à quel point j'avais soif de ma vie avec mes fils, de mes projets, de ma liberté, que j'avais acquis des compréhensions qui n'avaient pas de prix, une confiance et une estime de soi et que jamais, pendant cette période, je n'avais voulu abandonner la publication du livre et la conférence.

J'ai aussi réalisé que je n'étais plus la femme invulnérable et que, durant les épreuves, il est bon de tenir la main de quelqu'un d'autre. De plus, lorsque j'ai aménagé dans mon petit cocon d'où je vous écris, j'ai compris que l'euphorie de ma nouvelle perception de ma vie n'avait aucun sens. Qu'il me fallait reprendre contact avec les petits plaisirs et que mes projets devaient se bâtir lentement mais sûrement. Que je devais écouter ma voix intérieure, celle que j'écoutais rarement. Que je devais apprécier ma vie sur le bord de l'eau, avec mes ados, mes deux chiens, entourée des meilleurs amis du monde, et que je pouvais prendre plaisir à une promenade dans la nature autant qu'à une sortie en boîte de nuit jusqu'au petit matin ! Que la vie, à la suite de mes mauvais choix, me foutait une claque sur la gueule et que c'est par les épreuves qui en découlaient que je revenais dans la bonne direction. Certains de mes projets n'ont pas eu lieu, soit pour des raisons de santé, soit à cause de de subventions ou autres. Et ce que je considérais comme des échecs me paraît aujourd'hui comme des cadeaux. Il y a seulement lorsque j'écris pour vous et que je travaille sur mes conférences qu'aucune voix intérieure me rappelle que je fais fausse route. Je sens le calme en moi et tout me tombe sous la main.

Je ne souhaite plus redevenir celle que j'étais. J'ai retrouvé ma force, ma détermination, je m'impose toujours. Cependant, je peux avoir besoin parfois qu'on me tienne la main.

Encore et encore de la motivation !

DANS mon cas, je me suis créé de petits rituels chaque année, comme celui de mes listes dont je vous parlais au début. Je me motive aussi en étant fière de mes accomplissements et en en parlant. Le plus beau de mes cadeaux, c'est lorsque je rencontre quelqu'un que je n'ai pas vu depuis un certain temps et qu'il ne me reconnaît pas. La satisfaction que je ressens à l'intérieur de moi est indescriptible.

Récemment, j'ai revu un ami, Simon, de qui j'étais très proche à l'époque où je pesais 300 livres (136 kilos). Je passais alors la majeure partie de mon temps avec lui. Je l'ai rencontré dans un Salon de l'habitation il y a deux ans... et il ne m'a pas reconnue! Quelle belle victoire ce fut pour moi. Il m'a serrée dans ses bras et m'a félicitée avec enthousiasme.

Je m'efforce donc de garder en mémoire l'émotion que j'ai ressentie à ce moment-là et lorsque je manque de motivation pour quelque projet que ce soit, j'y repense et me voilà motivée de nouveau. Une autre grande émotion à laquelle je m'accroche, c'est lorsque j'ai perdu mes 100 premières livres (46 kilos). Croyez-le ou non, j'ai pleuré pendant quatre heures. Je montais et descendais du pèse-personne en pleurant.

Quand je repense à ce moment, j'en ai encore des frissons et il m'arrive même de ressentir la même boule dans la gorge.

CE SOIR-LÀ, JE N'AVAIS PAS SEULEMENT PERDU 100 LIVRES (46 KILOS), J'AVAIS RÉALISÉ MON BUT, CELUI POUR LEQUEL J'AVAIS MIS TANT D'EFFORTS.

J'étais allée jusqu'au bout, je n'avais pas lâché et, plus que tout, JE L'AVAIS FAIT POUR MOI !

Cette émotion est encore tellement puissante qu'en vous écrivant ces lignes je pleure encore de joie. Je vous souhaite aussi de réaliser VOTRE BUT, celui qui vous donnera des ailes, qui vous motivera pour le reste de votre vie et qui, tout comme moi, vous fera pleurer de joie.

J'écris maintenant la dernière ligne de ce livre, lequel était mon 2e but, et sachez que je désire aussi me rappeler toute ma vie cette émotion, afin de rester motivée jusqu'à mon 3e but...

Remerciements

MERCI, mes fils !

Vous êtes ma force, mon oxygène, l'essence de ce que je deviens chaque jour et mes meilleurs motivateurs. Merci, Alex, d'être le persévérant que tu es, merci pour la fierté qui transparaît dans tes yeux lorsque tu parles de moi. Merci d'être celui qui me motive par ta détermination d'aller toujours plus loin. Merci, Gabriel, de me trouver toujours si belle, ainsi que pour cette belle habitude que tu as de mesurer mon tour de taille avec tes petits bras.

MERCI, papa !

Tu m'as fait don de ta confiance dès mon jeune âge, ce qui m'a permis d'être la fonceuse que je suis.

MERCI, maman !

Tu me donnes réconfort, tendresse et amour maternel. Je suis aujourd'hui fière de nous !

MERCI, mes sœurs !

Vous êtes mon cocon, l'endroit où nous avons évolué contre toutes les intempéries. Deux femmes de qui je parle avec la plus grande fierté !

MERCI, nièce et bébé nièce !

Vous êtes mes amours, vous m'apportez fraîcheur et sérénité d'un seul sourire accompagné d'une grosse caresse.

MERCI, mes copines !

Beau temps, mauvais temps, unies à tout jamais.

MERCI, Carter!

Après vingt et quelques années, on ne peut qu'en souhaiter 20 à 40 autres.

MERCI, Yan, tu es génial!

Le jour où j'ai serré ta main si fort, c'était la première fois que quelqu'un s'oubliait pour moi. Je n'ai ressenti aucune peur et c'est à cet instant que j'ai compris... que la force que je croyais avoir en vivant tous les obstacles seule n'était qu'une faiblesse!

MERCI, ma première paire de jeans grandeur 9 !

Elle m'a motivée tous les jours, elle n'entendait pas ceux qui croyaient cette démarche impossible et elle m'a permis d'évaluer ma victoire.

MERCI, mon mammouth!

Tu m'as aimée avec les mêmes yeux, avant comme après. Le seul qui a su prononcer les paroles qu'il fallait.

THANKS, David B!

REAL life started that day, thanks for being my Doctor Phil.

MERCI, Louis!

Tu m'as fait réaliser les impacts positifs du risque, la vie sans regrets et la force d'assumer nos rêves et passions.

MERCI, monsieur Thivierge!

Vous m'avez fait comprendre que mourir n'est pas un crime, ne pas vivre en est un.

MERCI, groupe de Vente!

J'ai pris mon envol avec vous, vous m'en avez tellement appris sur moi.

MERCI, les filles du gym!

Vous avez fait partie de mon quotidien, vous m'avez motivée et m'avez fait du bien !

MERCI, Natacha!

De par ton vécu qui a fait de toi l'être fantastique que tu es et qui m'est essentiel, j'ai découvert que chaque être humain détient son histoire et qu'elle vaut la peine d'être entendue. Une de mes plus belles leçons de vie vous revient, madame Trépanier!

MERCI, Isabelle et Julio!

Vous m'avez démontré détermination, courage et m'avez donné une vision autre des obstacles, et ce, quotidiennement.

MERCI, Sally Folk!

Pour l'inspiration que tu m'apportes chaque jour. Pour ton parcours rempli de volonté ainsi que pour être cette femme parfaitement assumée. J'ai eu le privilège de voir ton évolution, allant de la jeune adolescente qui me raconte ses rêves jusqu'à celle qui les réalise. Tu es un modèle de persévérance pour notre jeunesse! Faites, vous aussi, sa connaissance et visitez *www.sallyfolk.com*.

MERCI, Marc Caron!

Pour ta belle plume musicale, qui a su m'émouvoir en chanson et qui, j'espère, inspirera plusieurs femmes. Tu es d'une passion et d'une générosité. Merci pour cette belle amitié.

Vous avez tous deux, toi et Sally, écrit et chanté cette chanson concernant le livre et, au-delà de mes larmes de joie, vous m'avez apporté énormément!

MERCI, l'équipe de Béliveau Éditeur!

Je désire remercier toute votre équipe pour votre professionnalisme humain. Vous avez cru en moi, vous m'avez supportée tout en me donnant un sentiment d'appartenance important. Merci, Mathieu, d'avoir croisé ma route lors de l'envoi du manuscrit et pour cette belle énergie qui fait de toi un leader exceptionnel. Merci, Marthe, pour ces belles conversations qui humanisent l'auteur ainsi que pour ton support sans faille. Merci, Diane, pour ton talent à conserver notre émotion intacte. La vie m'a fait don d'une chance inouïe lorsqu'elle a mis sur ma route une équipe comme vous tous pour la réalisation d'un de mes rêves!

N.B.: Message à un voleur d'estime de soi!

En date du 27 décembre 2008, tu as méprisé mon corps, pensant me voler ma confiance et mon estime de soi. Saches qu'avec le travail accompli par le passé, tu ne me l'as qu'emprunté un court moment. Je suis fière aujourd'hui d'être celle que je suis... J'en souhaite tout autant à toutes ces personnes en cheminement. Apprenez à vous aimer!

Pour joindre l'auteure,
vous pouvez écrire à:

smoranville@coucounage.com

BÉLIVEAU ÉDITEUR

vous offre...

Manger de façon réfléchie

…avourer une relation …nourriture

…ix de nourriture intel- …votre corps et votre …de connivence afin …ux essentiels sur ce …soin de manger et …ulez manger. Ces …nt des informations …t « quoi » manger. …sainement, en gar-

…san Albers, Psy. D.

…978-2-89092-474-1

L… u…

Si… l'es… che… éco… ou l… ce li…

Au diable les résolutions... Je passe à l'action!

Pour en finir avec les fausses promesses, les déceptions et les objectifs que vous n'atteignez jamais, agissez dès maintenant!

Vous êtes responsable de votre vie, de vos choix, de vos actions et des résultats qui s'ensuivent. Faites de cette année votre meilleure année!

Bill Marchesin
978-2-89092-462-8

Petit traité de simplicité pour les femmes

Les femmes d'aujourd'hui ont un horaire si chargé qu'elles ne savent plus où donner de la tête! Elles vivent un stress inutile... Savez-vous qu'il existe un remède à tout cela?

S'organiser pour se simplifier la vie!

L'auteure met sa méthode en pratique tous les jours et cela rend même les autres envieuses...

Claudine Trottier
978-2-89092-463-5

L'énergie en soi

Chaque corps humain est une source fascinante d'énergie en action.

En éliminant les foyers de conflits intérieurs, la découverte de qui nous sommes vraiment s'impose et réjouit.

Le bonheur devient alors quelque chose à vivre, et non plus un objectif à atteindre.

Michelle Roy,
en collaboration avec Louise Gauthier
978-2-89092-453-6

Perte de poids

Peu importe les raisons à l'origine de votre désir de perdre du poids, vous trouverez dans ce livre des informations judicieuses et inspirantes.

Ce livre, rempli de précieux conseils médicaux, nutritionnels et en matière de mode de vie, est conçu pour maximiser vos chances de réussite.

Andrew Larson, M.D.
978-2-89092-364-5